古典文獻研究輯刊

十七編

潘美月・杜潔祥 主編

第9冊

《洛陽伽藍記》研究

吳 晶 著

國家圖書館出版品預行編目資料

《洛陽伽藍記》研究／吳晶　著 — 初版 — 新北市：花木蘭文
化出版社，2013〔民 102〕
目 2+134 面：19×26 公分
（古典文獻研究輯刊 十七編；第 9 冊）
ISBN：978-986-322-434-1（精裝）
1. 洛陽伽藍記　2. 研究考訂
011.08　　　　　　　　　　　　　　　102014851

ISBN-978-986-322-434-1

古典文獻研究輯刊
十七編　第 九 冊　　　　　　ISBN：978-986-322-434-1

《洛陽伽藍記》研究

作　　者　吳晶
主　　編　潘美月　杜潔祥
總 編 輯　杜潔祥
企劃出版　北京大學文化資源研究中心
出　　版　花木蘭文化出版社
發 行 所　花木蘭文化出版社
發 行 人　高小娟
聯絡地址　235 新北市中和區中安街七二號十三樓
　　　　　電話：02-2923-1455／傳眞：02-2923-1452
網　　址　http://www.huamulan.tw 信箱 sut81518@gmail.com
印　　刷　普羅文化出版廣告事業
初　　版　2013 年 9 月
定　　價　十七編 20 冊（精裝）新台幣 31,000 元　　版權所有・請勿翻印

《洛陽伽藍記》研究

吳　晶　著

作者簡介

吳晶，生於 1980 年，浙江台州人。2006 年畢業於南京師範大學文學院，師從王青教授，獲碩士學位。2009 年畢業於南京大學文學院，師從曹虹教授，獲博士學位。本書是博士論文《洛陽伽藍記研究》基礎上修訂完成。現任職於台州學院教師教育學院，承擔《中國古代文學》等課程教學，主要從事魏晉南北朝文學、思想、佛教研究。在《文學遺產》、《西域研究》、《浙江學刊》等刊物發表論文多篇。

提　　要

　　《洛陽伽藍記》作為北朝文學名著，與《水經注》、《顏氏家訓》並稱「北朝三書」。本書的研究在明清以後逐漸興起，本書主要從文獻、佛教、史學、文學四方面展開討論。

　　第一章考論此書體例與版本。通過對陳寅恪「合本子注」說的辨正，指出這個概念實等同於「合本」，《洛陽伽藍記》僅第五卷符合「合本」體例。重新分析《史通‧補注篇》，並以《法苑珠林》所引《洛陽伽藍記》為例，說明本書並非子注體，文風具有枝蔓的特點。版本方面，通過發掘汲古閣本《說郛》，指出《說郛》本《洛陽伽藍記》是本書兩大系統分離前更早版本，《說郛》應在《洛陽伽藍記》版本譜系中佔有獨特地位。

　　第二章觀照佛教史視野中的《洛陽伽藍記》。通過對崇真寺條惠凝冥遊故事的分析，指出北朝義學並未衰落，該故事是佛教內部人士所發出的整肅聲音。楊衒之並不反佛，但他主張沙門拜俗觀點，使持相反立場的道宣將他列入反佛陣營。本書所記佛教志怪與「釋氏輔教之書」有近似的寫作意圖，但在形式和結構上打破了後者的固有模式。楊衒之的宗教情感是與其家國之思緊密結合的，書中對洛陽寺廟保存之念多過批判之意。

　　第三章追究此書的史學價值。《洛陽伽藍記》的歷史記錄可補正史之不足，其記北魏社會生活畫卷，尤為研究中古民間社會生活的重要史料。以青齊士風為例，說明其俗難治的形成原因。史學思想上，楊衒之以曲折之筆批評莊帝的權力欲望，以記錄元徽、劉宣明事蹟表達對正史歪曲事實的不滿。楊氏慣引《周易》評史，與當時史學風氣一致。第五卷之《宋雲惠生行紀》向為中外學者所關注，筆者重點討論了《行紀》的文本構成，指出余太山認為《惠生行紀》在文中不存在的觀點並不可靠，《惠生行記》才是《行紀》的構成主體。

　　第四章衡定此書的文學成就。將「穠麗秀逸」分作「穠麗」和「秀逸」分別加以探討，楊衒之通過對漢大賦的吸收和揚棄，最終將兩種風格成功統一。本書常以「京師遷鄴」作結，造成語意結構的對立，曲折表達故國之思。推測楊氏寫作情境，指出其在寫作中多取資於地志、辭賦、雜史等作品，非皆由實地考察。京都賦在語言、地理、虛實安排等方面都對《洛陽伽藍記》產生了深遠影響。北朝文人多學南方，楊衒之也不例外。楊氏對南人的貶斥，與其對北朝文學的寬容相表裏。書中對北朝文學各種史料兼收並蓄，堪稱一部北朝文學的微型資料庫。

目次

緒　論

　　《洛陽伽藍記》作爲一部北朝名著，其研究在明清以後逐漸升溫。與南朝別集多有傳世不同，北魏流傳至今的私家著述極爲稀少，《洛陽伽藍記》與《水經注》、《顏氏家訓》、《齊民要術》堪稱翹楚。《洛陽伽藍記》的特出之點，在其內容的豐富性，有關城市地理、宗教景觀、政治變遷、人文風俗均在載筆之列。故本書在北朝佛教史、政治史、文學史上均享有特別的地位。

　　不過，相比於同時代的地理名著《水經注》，《洛陽伽藍記》的研究並不繁榮。此書在明代以前的佛教經錄、公私書目中皆有著錄，一些學者如劉知幾、黃伯思、毛晉等對此書做過零散評論。清代以來，重分文注工作展開後，整理本流傳漸廣，學界逐漸意識到此書的價值，在《中國文學史》中，本書常有專門介紹。目前學界對本書的研究，以文獻整理和文學、語言學研究爲主。本選題試圖以問題爲導向，在閱讀相關文獻、掌握歷史背景的基礎上，從文本形態、佛教、史學、文學、文人心態等角度展開探討。

　　專書研究的開展，須以文獻研究爲基礎。自唐代劉知幾《史通》提出《洛陽伽藍記》有子注以來，本書文本形態一直是學者關注的焦點。文獻研究可分兩條線索，一是古籍整理與校勘，清代顧廣圻承劉知幾之說，並進一步認爲本書在傳抄中注文混入正文，其後吳若準、唐晏等學者開始分理文注，以期恢復本書原貌。此項工作一直持續到二十世紀，產生了吳若準《洛陽伽藍記集證》、唐晏《洛陽伽藍記鉤沉》、周祖謨《洛陽伽藍記校釋》、范祥雍《洛陽伽藍記校注》、徐高阮《重刊洛陽伽藍記》、楊勇《洛陽伽藍記校箋》等著作；二是子注淵源研究，陳寅恪先生以深厚的佛學素養和敏銳的眼光，創造性地提出本書爲「合本子注」體。標誌著本書研究進入多視角、跨學科階段，

同時也深深影響了現代學者如徐高阮、周祖謨、楊勇等的文獻整理。從這個角度講，兩條線索在交彙中前進。可以說，二十世紀《洛陽伽藍記》研究的主要成果，即表現爲「合本子注」說指導下的文獻整理。

本書文獻領域的研究，前代學者積纍的成果已相當豐富，似已題無剩義。不過，筆者讀徐高阮、周祖謨、楊勇等學者分理文注後的《洛陽伽藍記》，頗覺支離，讀不分文注之明清刻本，反覺文氣通貫，不免產生疑問。要重新討論本書體例，首先便要檢討「合本子注」。陳寅恪先生治學，能以宏通之視野研究具體之問題，結論新穎而具啓發性。以中古史研究而言，陳先生的論著在本領域產生廣泛影響力的同時，也引來不少商榷。不過世人對「合本子注」說似少有質疑。這可能是因《洛陽伽藍記》處於佛教史和文學史的交彙邊緣，學者偶有涉獵，多爲取資旁證，少有專門措意者。經過對陳先生相關論文的研讀，筆者發現所謂「合本子注」實即「合本」，即將幾個譯本加以裁合擬配，與注釋（即「子注」）無關。僅因其形式近似於「子注」，故稱「合本子注」。實際上，「合本子注」的提法容易使人產生誤解，徑稱「合本」即可。陳寅恪先生之標舉「合本子注」，與其切身經歷和治學理路相關，這是一個帶有陳先生個人及其時代印記的概念。

在釐清「合本子注」概念後，我們發現，《洛陽伽藍記》中僅有第五卷《宋雲惠生行記》是符合「合本」體式的，全書並非「合本」體。不過，《洛陽伽藍記》是否通篇施注的問題，還未得到解決。筆者對比徐高阮、周祖謨、楊勇三家之分理，發現他們所持條例近似，但實際分理卻頗多歧異。可見以「寺廟（正文）──人事（注文）」爲條例是有問題的。楊衒之的文筆千變萬化，隨物賦形，怎可能畫地爲牢自縛手腳？因此，筆者對本書是否通篇施注產生了懷疑。追本溯源，須重讀《史通・補注篇》。歷代學者多注意到劉知幾所言「子注」，極少留意《補注篇》以「瑣雜」、「鄙碎」來評《洛陽伽藍記》、《關東風俗傳》等四部作品。細讀上下文可知，劉知幾對《洛陽伽藍記》等書枝蔓瑣碎的寫法頗有微辭。可見清人所言本書在宋代文注混淆後方導致文風枝蔓之說並不可信。唐代《法苑珠林》所引三則《洛陽伽藍記》與今本並無區別，爲本書文本並未錯亂提供了直接證據。同被《史通》評爲「瑣雜」的《關東風俗傳》，幸有佚文存於《通典》，文風亦有蕪雜的特點，爲本書風格提供了旁證。

在質疑前人之說的同時，《洛陽伽藍記》體例的淵源也是筆者試圖討論的

問題。本書雖在魏晉南北朝地志繁榮的背景下產生，但其文本面貌卻有別於一般地志，歷史人事內容在書中佔據了主導地位。楊衒之受高僧行記的啓發，借鑒其移步換景的寫法，每到一處先寫地理環境，次敘人文風俗，故文風難免枝蔓，但繁而不亂。

　　《洛陽伽藍記》的版本，以明代如隱堂本和古今逸史本爲兩大系統。元末陶宗儀《說郛》收有《洛陽伽藍記》，雖係節本，但年代上早於兩大系統。因《說郛》版本源流複雜，目前通行的涵芬樓本《說郛》爲張宗祥據六個殘本理校而成，頗有不完善之處，故《說郛》本《洛陽伽藍記》甚少受到學者重視。筆者有幸得見汲古閣六十卷本《說郛》，其年代早於存世諸本，並有不少文字可校涵芬樓本之訛，汲古閣本的出現，一定程度上廓清了《說郛》本《洛陽伽藍記》的面貌。《說郛》本不僅年代更早，其文字對《洛陽伽藍記》明代兩大系統之本均有校正之功。從《說郛》本的特徵可以推知，在《洛陽伽藍記》兩大版本系統分離之前，尚有一共同之祖本。故《說郛》本亦應在《洛陽伽藍記》版本譜系中佔有獨特的地位。

　　北魏佛教興盛，佛教史視野中的《洛陽伽藍記》是何種面貌，是筆者關心的問題之一。北魏末期，已有不少有識之士對佛教畸形發展提出批評。筆者以崇眞寺條惠凝冥府遊記故事爲分析對象，同時也注意到，該故事不可作直接史料使用，而應關注其產生背後的創作動機。對比惠凝故事與釋氏輔教小說敘事質素的不同，可以發現該故事並非宣教小說，而是佛門內部人士發出的整肅聲音。湯用彤先生認爲其反映了北方義學的衰落，嚴耕望先生則持相反觀點，體現出兩位學者對小說史料解讀思路的不同。通過鈎稽北魏時期義解僧的活動，說明其時義解僧人甚受帝王重視，其對上層的巨大影響力，是北魏佛教畸形發展的推助力之一。曇謨最在故事中受到批判，可從這個角度予以解釋。

　　關於楊衒之是否反佛，歷來有正反兩種觀點。反佛說的重要依據，除書中常有對上層佞佛的譏刺外，是《廣弘明集》之《敍歷代王臣滯惑解》所載楊氏的一份奏摺。通過分析道宣寫作《敍歷代王臣滯惑解》的意圖及所錄崇佛人士之言論，可知楊氏的觀點與崇佛者近似。楊衒之雖不反佛，但他主張沙門拜俗觀點，引得持相反立場的道宣反感，故將他列入反佛陣營。正是道宣的歸類，加深了人們對楊氏的誤解。以《洛陽伽藍記》本身而言，其所記佛教靈徵故事，實與當時的「釋氏輔教之書」有近似的宣佛理念。不同的是，

本書拒絕將佛教故事模式化，爲南北朝佛教小說提供了不同的敘事質素。因此，要全面理解楊氏的佛教觀，須將《廣弘明集》與《洛陽伽藍記》合觀。值得一提的是，楊氏貫穿全書的宗教情感，與其家國之情密切相關。佛教寺觀的興衰，象徵著北魏王朝的興亡，故楊氏在敘及佛教靈徵時，往往筆帶情感，行文亦低回哀婉，悲愴之情躍然紙上。單看本書對佛宇華麗的鋪揚，可能有漢大賦肯否兩可之感，但筆者認爲，作者之故國感思與宗教情感，要遠大於批判之意。

《洛陽伽藍記》的史學價值，向爲世所公認，有「拓跋之別史」之譽。楊氏曾任秘書監，對有關漢代史籍尤爲熟悉。本書不僅可與紙上之文獻相核對，且可與地下之考古發掘相印證，還可補正史之不足。所錄北魏洛陽城生活畫卷，生動形象，是珍貴的社會生活史料。通過對秦太上君寺條青齊士風的重點剖析，可看出《洛陽伽藍記》的這則記載已漸成經典敘述，成爲方志編纂者需要留意的歷史記錄。

本書所記史事常詳正史所略，略正史所詳。這在莊帝誅殺尒朱榮事件上尤爲明顯。這種寫法更爲自由開放，其對人物心理、事件細節的記錄，頗有《史記》敘事遺風。在史識上，楊衒之也有獨到之處。書中所記尒朱榮入洛前莊帝之種種行爲，揭示其內心之權力欲望。更通過元恭形象的塑造，反襯莊帝此一特點。書中對元徽、劉宣明的記載迥異於《魏書》，可見楊氏對正史敘事的不滿，及保存史料的良苦用心。書中的論贊雖然不多，但均能表達一種強烈的善惡觀念。通過考察同時代史著的特點，可知楊氏論中多引《周易》，與當時主流史學思潮同趣。《洛陽伽藍記》的史學成就，爲北朝史學的發展貢獻了一份力量。

地志是《洛陽伽藍記》賴以產生的深厚土壤，地志中的異物志、寺塔記、高僧行記等門類對本書均有影響，筆者要重點討論的是第五卷之宋雲、惠生《行記》。前代學者在研究中甚少涉及宋雲與惠生的差別，筆者試圖以「分」的思路，探討這篇以「合本」形式編纂的《行記》。希圖說明兩個問題：一是二人原本各自爲使團首領，出使任務有所不同；二是第五卷以《惠生行記》爲底本，偶引《宋雲行記》，名之爲《惠生行記》更恰當。細讀《魏書·釋老志》和《北史·西域傳》，可知二人原有各爲使團領袖的迹象。通過名字可知，宋雲爲俗、惠生爲僧。史書對於二人西行年代的不同記載，也說明二者可能不同時奉詔，只是因技術原因（如沙漠考察需選擇季節）而一同出發。通過

分析《行記》中二人行爲的差異，可知宋雲具有外交使節身份，而惠生的佛教色彩更重。

近代以來，學者慣以《宋雲行記》指稱第五卷，實際上並不不確切。楊氏自云以《宋雲行記》、《道藥傳》補《惠生行記》未記之處，實已表明其底本爲《惠生行記》。李延壽以《惠生行記》爲其《北史・西域傳》之史料來源，可知《宋雲行記》地理內容之不足。另外，第五卷篇幅的不均衡以及用語習慣的變化，也爲分辨兩本《行記》的內容提供了線索。

本書的文學成就，前人已有不少論述。《四庫全書總目》之「穠麗秀逸」是對其風格最爲精當的評點。「穠麗」與「秀逸」實爲相反相成的風格。所謂「穠麗」，多指其繼承漢賦鋪張揚厲、精細刻畫的特點；「秀逸」則可理解爲對漢賦的揚棄和改造，如篇製更爲短小，用詞更趨清麗，注意句式變化和描寫對象的轉換，整體上更富流動感等。本書極少用直接抒情的方式，而擅用結構對比來傳達情感。常以場面的熱鬧與衰敗、人物的鼎盛與消逝、塔寺的炫麗與破滅，來凸現蒼涼之感。書中屢屢在前文鋪敘塔寺之偉、人物之盛，而文末則常以「京師遷鄴」作結，達到一種對比反諷的效果，將讀者從幻境拉回現實，作者之故國之情亦展露無遺。

從《洛陽伽藍記・序》可以推知，本書寫作在楊氏離開洛陽之後。分析報德寺條可知，該部分內容襲自戴延之《西征記》，因未作實地考察，楊氏還增加了一些錯誤。地志、辭賦、雜史所記之地理，常爲楊氏所取資。除地志外，本書另一個重要源頭爲漢大賦。本書寫景之語，大多可上溯漢賦。京都大賦的正統帝都意識，是本書對賦具認同感的原因之一。如果說賦的創作緣由、方位意識、地理記載對本書的影響更多體現在表層上，那麼賦的虛實安排則在深層次影響了本書寫作。魏晉南北朝地理學的發展，特別是製圖技術的提高和圖經類地志的擴充，使京都大賦創作更趨於徵實。不過，這種徵實更多地體現在山川、宮殿、動植物等客體上，賦中所記人物主體的活動，常帶有想像成分。在《洛陽伽藍記》中，既可看出地理學發展對其地理書寫的影響，亦可見到京都賦想像人物活動的章節。其徵實與虛構的手法，基本上秉承了漢晉辭賦的創作理念。

將《洛陽伽藍記》放在南北文學背景中考察，才可能準確把握其文學特質。南北朝文學交流頻繁，其中尤以北人學南居多。因正統之爭的關係，北朝文人不願承認此點，楊衒之亦是如此。本書一方面接受南方文學影響，另

一方面又對南人深懷偏見，存在一種自大而又自卑的心理。與貶低南方作品形成鮮明對比的是，《洛陽伽藍記》中對北朝文學作品懷有兼容並包的態度，不僅全文收錄了姜質《庭山賦》這類不成熟的作品，還注意收錄當時的民謠隱語、幽默故事、志怪傳聞，使本書包含豐富的北朝文學史料。其中正覺寺條之次韻和詩與凝玄寺條之雙聲問答，均爲北朝文學史上之重要史料。《洛陽伽藍記》的這種記錄意識和兼容態度，是本書能在一定程度上堪稱北朝文學微型資料庫的重要原因。

第一章　體例與版本考論

　　《洛陽伽藍記》作爲北朝史學與文學兼擅的傑作之一，其著述體例歷來是學者關注的焦點。自唐劉知幾《史通》首次指出《洛陽伽藍記》有「子注」以來，顧廣圻、吳若準、唐晏、張宗祥、陳寅恪、徐高阮、周祖謨、楊勇等學者均受其說影響。顧廣圻指出，《洛陽伽藍記》在宋代以後注文混入正文，此後有不少學者致力於釐定注文，至二十世紀產生了多部整理本。論者多認爲楊書舊貌已得到很大程度的復原。但筆者認爲，此書體例有不少疑點值得重新探討。

第一節　「合本子注」新探

　　《史通・補注篇》最早提出《洛陽伽藍記》有注文（即「子注」），陳寅恪先生在《史通》「子注」說基礎上，進一步指出本書爲「合本子注」體，在《洛陽伽藍記》研究中影響甚大，也是學者對《洛陽伽藍記》進行重分文注的重要依據。我們知道，陳寅恪先生善於創造新詞以提供新的研究視角，如「關隴集團」、「關中本位政策」等。這些概念都產生了巨大影響。「合本子注」也是由他最先提出，並廣爲學界接受的概念。但由於陳先生未作明確界定，學界對於哪類著作可歸爲「合本子注」體，「合本子注」與「集注」有何區別等問題仍有爭論。如周一良、胡寶國等學者就認爲《三國志注》等書與「合本子注」並無關係。〔註1〕另外，只有弄清「合本子注」的含義，才能對學者

〔註 1〕　參周一良：《魏晉南北朝史學著作的幾個問題》，《魏晉南北朝史論集》，北京大學出版社，1997 年版，第 409 頁；胡寶國：《〈三國志〉裴注》，《漢唐間史

重分文注的成果作出正確評估。因此有必要先對「合本子注」的來龍去脈作一番考察。

一、「合本」的定義

佛經中未見「合本子注」一詞。分析這個概念，我們可分別考察「合本」與「子注」。「合本」是一個源於佛教典籍的概念，意思是將眾多佛經譯本合成一本。佛教傳入中國後，一部經典往往有多個中文譯本，為使佛徒能參照各家譯本，於是有僧人編輯「合本」。《出三藏記集》中的東晉曇無蘭《大比丘二百六十戒三部合異序》，保留了佛經中唯一的一段「合本」。曇無蘭在《序》中說，他二十年前從廬山竺僧舒那裏得到一部二百五十條的律典，後來又看到曇摩侍所譯的二百六十條律典，於是他將兩個本子合編在一起：〔註2〕

> 余因閒暇，為之三部合異，粗斷起盡，以二百六十戒為本，二百五十者為子，以前出常行戒全句繫之於事末。而亦有永乖不相似者，有以一為二者，有以三為一者，餘復分合，令事相從。〔註3〕

因兩個本子條數不同，曇無蘭略作編輯，將少者合併，多者析出。《序》中保留的這段「合本」面貌如下：

> 說戒者乃曰：「僧和集會，未受大戒者出。僧何等作為？」眾僧和聚會，悉受無戒，於僧有何事。答：「說戒。」僧答言，布薩。「不來者囑授清淨說。」諸人者當說當來之淨，答言說淨。〔註4〕

為便於閱讀，曇無蘭將二百六十條律典作為「本」，即「母本」，二百五十條律典作為「子」，即「子本」，並將相同內容的「子本」文句繫於「母本」之下（文中分別用大小字表示）。這種「合本」體式在當時相當流行。《出三藏記集》卷二云：

> 《合維摩詰經》五卷（合支謙、竺法護、竺叔蘭所出《維摩》三本合為一部）

〔學的發展〕，商務印書館，2005年版，第80～81頁。

〔註2〕筆者細讀了《大比丘二百六十戒三部合異序》全文，只提到兩個本子，稱「三部合異」可能是傳抄訛誤，陳寅恪先生引此文時亦未作辨。

〔註3〕僧祐撰，蘇晉仁、蕭鍊子點校：《出三藏記集》卷第十一，中華書局，1995年版，第415頁。

〔註4〕《出三藏記集》卷第十一，第416頁。

《合首楞嚴經》八卷（合支讖、支謙、竺法護、竺叔蘭所出《首楞
嚴》四本合爲一部或爲五卷）〔註5〕

支愍度《合首楞嚴經記》云：

> 拔尋三部，勞而難兼，欲令學者即得其對，今以越所定者爲母，護
> 所出爲子，蘭所譯者繫之，其所無者輒於其位記而別之，或有文義
> 皆同，或有義同而文有小小增減，不足重書者，亦混以爲同。雖無
> 益於大趣，分部章句，差見可耳。〔註6〕

支愍度所言之「母」，即相當於曇無蘭所言之「本」，他們都以「子本」附
繫於「母本」的方式編輯「合本」。根據以上材料我們可以歸納出佛家「合
本」的特徵——「事類相從」，將同一佛典的各家譯本分章斷句、裁合擬配。
以「母本」爲主，「子本」爲輔，使讀者可以「瞻上視下，案彼讀此」。需
特別強調的是，「子本」雖被擬配於「母本」之下，形式上有些類似於注疏，
但本質上二者都是獨立的原典，敘述內容處於同一層次，如支愍度所言「或
有文義皆同，或有義同而文有小小增減」，「子本」並不是「母本」的注釋。
編輯者除技術處理外，亦不作主觀評論。「合本」體式最初在佛經翻譯領域
使用，後來逐漸影響到史學領域，如裴松之《三國志・武帝紀》注中屢引
《曹瞞傳》，即類似於「合本」寫法。《世說新語注》、《水經注》也有類似
特點。

二、「子注經」與「子注」

　　陳寅恪先生之所以將「合本」與「子注」組合成一個概念，是因「子注」
與「合本」之「子本」中均有一「子」字。因此他推斷，佛經中諸如《法鏡
經解子注》、《大般涅槃子注經》、《維摩詰子注經》等以「子注」命名的典籍，
是以「合本」方式編纂的。〔註7〕陳先生的推斷是否合理？我們不妨對這些「子
注經」作一番考察。這些佛經大多不存，從經錄中的相關材料看，未必與「合
本」有關（注意表中之加點字）：

〔註5〕　《出三藏記集》卷第二，第44頁。
〔註6〕　《出三藏記集》卷第七，第270～271頁。
〔註7〕　參陳寅恪：《支愍度學說考》，《金明館叢稿初編》，上海古籍出版社，1980年
　　　　版，第163頁。

子　注　經	經　　錄　　資　　料
《法鏡經解子注》	（康僧會）於建初寺譯出前件眾經並自注，序製並妙得體，文義允洽。其所注經《安般》、《守意》、《法鏡》、《道樹》等，備見於錄。（《歷代三寶記》卷五） 復有《法鏡經注解》二卷、《道樹經注解》一卷、《安般經注解》一卷，已上三經會兼製序。三經會雖注解，本非僧會所翻，故亦不爲會譯之數。（《開元釋教錄》卷二）
《大般涅槃子注經》	沙門釋法朗　一部　七十二卷注經 《大般涅槃子注經》七十二卷　右一部七十二卷。天監年敕建元寺沙門釋法朗注。見寶唱錄。（《歷代三寶記》卷十一）
《遺教子注經》	沙門釋慧基　一部　一卷注經 《遺教子注經》一卷　右一部一卷。山陰法華山沙門釋慧基述注解。（《歷代三寶記》卷十一）
《勝鬘子注經》	沙門釋法瑗　一部　三卷注經 《勝鬘子注經》三卷　右一部三卷。揚州靈根寺沙門釋法瑗述注解。（《歷代三寶記》卷十一）
《維摩詰子注經》	沙門釋曇詵　二部　六卷注論 《維摩詰子注經》五卷　《窮通論》一卷　右二部合六卷。廬山東林寺沙門釋曇詵撰。（《歷代三寶記》卷七） 詵亦清雅有風則，注《維摩》及著《窮通論》等。（《高僧傳》卷六）
《大品經子注》	梁武帝注（《法苑珠林》卷一百）
《摩訶般若波羅蜜子注經》	武皇帝蕭衍　一部　五十卷注經 武帝蕭衍……以八部般若是十方三世諸佛之母，能消除災障蕩滌煩勞。故探眾經窮述注解。（《歷代三寶記》卷十一）
《大乘經子注目錄》	魏世眾經錄目　永熙年敕舍人李廓撰 大乘經目錄一　二百一十四部 大乘論目錄二　二十九部 大乘經子注目錄三　一十二部 大乘未譯經論目錄四　三十三部（《歷代三寶記》卷十五）

從上表可知，經錄將「子注經」均視爲普通的「注經」，無一提到其編纂方式與「合本」有關。從《魏世眾經錄目》的分類可以推知，「大乘經子注目錄」意爲大乘經注疏目錄，並非專收名爲「子注」的佛經。從《法鏡經解子注》又稱《法鏡經注解》可知，「子注」也可稱「注解」，並非專有名稱。《出三藏記集》所收之《法鏡經序》，是康僧會爲《法鏡經解子注》所作，文曰：

> 大道陵遲，內學者寡。會睹其景化，可以拯塗炭之尤嶮，然義壅而不達。因閑竭愚，爲之注義。喪師歷載，莫由重質。心憤口悱，停

筆愴如。〔註8〕

從現存史料看，「合本」是一種新興體例，其編纂者大多在序中說明編纂緣起與體例，如支愍度《合維摩詰經序》、《合首楞嚴經記》，曇無蘭《大比丘二百六十戒三部合異序》等。若《法鏡經解子注》與「合本」有關，康僧會在《序》中似不應無一語道及，其僅云「為之注義」，亦未提及綜合各家之意，也說明「子注」實為一般之注解。檢《大藏經》中的「子注」一詞，意思也是注解，如《阿毗達磨俱舍論法義》卷八云（黑體小字為注文，下同）：

> 一善住法堂天，二住峰天，三住山頂天。四善見城天，五赩私陀天，
> 六善俱吒天，子注雲：俱吒者山谷也，七雜殿天，八住歡喜園天。

《阿毗達磨俱舍論指要鈔》卷一云：

> 若唯無記無色無學，異熟生心，不現在前。不成就故應名為佛。以
> 此而言，故亦通善。頌疏冠注云：若通於善，無色無學。異熟生善，心恒現在。
> 故恒成就，不染無知，故可不名佛等者。此等子注皆非光意。

《成唯論述記開講說要》云：

> 次釋撰號，總安撰號。二種不同，一作者自頓，二後人代立。初作
> 者自立意在簡別，上卷事鈔題子注云，作者無標名顯別。

《華嚴演義鈔纂釋》卷三十五云：

> 注云因其所大。問：今云注者，何注乎？答：魏王弼注也。其故者，
> 前漢河上公加注釋來至於唐朝，總有六十二家之子注。

佛經注疏名稱繁多，如注、疏、注解、義疏、論疏、會釋、義記、義述等，子注亦是其中之一。陳寅恪先生因一「子」字而斷定「子注」和「子本」有關，進而推斷名帶「子注」的佛經為「合本」體式，證據並不充分。梁啟超先生談到「合本」時就未言及子注。〔註9〕實際上，若以經名言，「合本」往往會標一「合」字，如《大比丘二百六十戒三部合異》、《合首楞嚴經》、《合維摩詰經》等。但此後不少學者受陳先生影響，認為「子注」與「合本」屬同種體例，如范子燁先生說：「這些詁經之書（指上表所列「子注經」），也是由於以子從母，以子注母的緣故，其體例形式當然也是一致的。」〔註10〕這

〔註 8〕 僧祐撰，蘇晉仁、蕭鏈子點校：《出三藏記集》卷第六，中華書局，1995 年版，第 255 頁。

〔註 9〕 梁啟超：《佛學研究十八篇》，上海古籍出版社，2001 年版，第 272 頁。

〔註10〕 范子燁：《〈洛陽伽藍記〉的文體特徵與中古佛學》，《文學遺產》，1998 年第 6 期。

說明學界對「子注」存有誤解。

三、「合本子注」實即「合本」

釐清以上兩個概念後，我們可以分析什麼是「合本子注」。陳先生在《讀〈洛陽伽藍記〉書後》中第一次提出「合本子注」一詞，文中未對概念下定義，而以實例說明：

> 至乾陀羅城，東南七里有雀離浮圖。《道榮傳》云：城東四里。

> 即竺曇無蘭《大比丘二百六十戒三部合異序》後所附子注之例。其「《道榮傳》云：城東四里。」乃是正文「東南七里有雀離浮圖」之子注也。〔註11〕

陳先生論證《洛陽伽藍記》爲「合本子注」體，卻引了「合本」——《大比丘二百六十戒三部合異序》作爲標準。這說明「合本子注」實際上就是「合本」，這個概念中的「子注」是多餘的。具體說來，陳先生把「子注」等同於「合本」中的「子本」。文中說「《大比丘二百六十戒三部合異序》後所附子注」，實際上《大比丘二百六十戒三部合異序》所附的是「子本」。《洛陽伽藍記》引《道榮傳》部分與《大比丘二百六十戒三部合異序》均爲「合本」體沒有問題，但陳先生將《道榮傳》也看作「子注」，說：「『《道榮傳》云：城東四里。』乃是正文『東南七里有雀離浮圖』之子注也。」說明在他潛意識中，「子注」是「合本」之「子本」。這實際上並不奇怪，正如上節我們已經指出他把「子注經」等同於「合本」，逆推過來就可得出這個結論。

《讀〈洛陽伽藍記〉書後》文中還提到：「寅恪昔年嘗作《支愍度學說考》，載於前歷史語言研究所蔡元培先生六十五歲紀念論文集中，詳考佛書合本子注之體。」〔註12〕此處陳先生記憶有誤，《支愍度學說考》實際上詳細考證的是佛書的「合本」，其時他尚未提出「合本子注」一詞，這是陳先生將「合本子注」與「合本」等同的另一個證據。

需要澄清的是，「合本子注」並不等於「合本」加「子注」，陳先生《徐高阮重刊洛陽伽藍記序》云：

> 凡承祚所不載，而事宜存錄者，則罔不畢取，以補其闕。又同說一事，而辭有乖離，或出事本異，而疑不能判者，則並皆抄內，以補

〔註11〕陳寅恪：《金明館叢稿二編》，上海古籍出版社，1980年版，第160頁。

〔註12〕《金明館叢稿二編》，第158頁。

異聞。據此言之，裴氏三國志注實一廣義之合本子注也。劉孝標世
說新書注，經後人刪略，非復原本。幸日本猶存殘卷，得藉以窺見
劉注之舊，知其書亦廣義之合本子注也。酈善長之水經注，其體裁
蓋同裴劉。〔註13〕

陳先生爲何要將《三國志注》視作「廣義合本子注」？這個問題很關鍵。我
們知道，裴松之《上〈三國志注〉表》將全書內容分爲「備異」、「補闕」、「懲
妄」、「論辯」四類。上引陳先生評論裴注文字也是依據裴氏《上〈三國志
注〉表》，但僅僅提到「備異」（以補異聞）、「補闕」（以補其闕），不提「懲
妄」、「論辯」。其原因就在於「備異」、「補闕」是抄納眾家異辭異聞，與「合
本」特點一致；「懲妄」、「論辯」是注者的論斷，與「合本」特點不符。「懲
妄」、「論辯」屬於「子注」，但「合本子注」中的「子注」實際上是指「子
本」，所以這部分內容不能歸入「合本子注」，整部裴注只能稱爲「廣義合
本子注」。同樣，《世說新語注》、《水經注》也因類似特點而被冠以「廣義」
二字。

四、「合本」與「集注」的分野

還有一點需要澄清，「合本子注」不可理解爲「集注」或「子注的集合」。
如果這樣等同，不僅這個概念的特質將會喪失，陳先生標舉「合本」背後的
學術動因亦難以探知（爲明晰概念，除引文外，以下討論將不再使用「合本
子注」，而稱「合本」）。

首先應當承認，被陳先生稱作「廣義合本子注」的三部名注《三國志注》、
《水經注》、《世說新語注》，在內容構成上更符合「集注」的體例特點。因爲
這三家不僅廣引各家解說，且有注者的評論和考辨，「集注」正是如此。但爲
何陳先生要舍近求遠，強調這三家的「合本」特點呢？筆者認爲，這與陳先
生個人的治史體悟有關，他在《陳述遼史補注序》中說：

裴世期之注三國志，深受當時內典合本子注之薰習。此吾國學術史
之一大事，而後代評史者，局於所見，不知古今學術系統之有別流，
著述體裁之有變例，以喜聚異同，坐長煩蕪爲言，其實非也。趙宋
史家著述，如續資治通鑒長編，三朝北盟會編，建炎以來繫年要錄，
最能得昔人合本子注之遺意。豈庸妄子之書矜詡筆削，自比夏五郭

〔註13〕陳寅恪：《寒柳堂集》，上海古籍出版社，1980 年版，第 143 頁。

公斷爛朝報者，所可企及乎？寅恪僑寓香港，值太平洋之戰，扶疾
入國，歸正首丘，途中得陳玉書先生述寄示所撰遼史補注序例，急
取讀之，見其所論寧詳毋略之旨，甚與鄙見符合，……回憶前在孤
島，蒼黃逃死之際，取一巾箱坊本建炎以來繫年要錄，抱持頌讀。
其汴京圍困屈降諸卷，所述人事利害之迴環，國論是非之紛錯，殆
極世態詭變之至奇。然其中頗復有不甚可解者，乃取當日身歷目睹
之事，以相印證，則忽豁然心通意會。平生讀史凡四十餘年，從無
似此親切有味之快感，而死亡飢餓之苦，遂亦置之量外矣。由今思
之，倘非其書喜聚異同，取材詳備，曷足以臻是耶？〔註14〕

《三國志注》之「喜聚異同」，原最為劉知幾《史通》所詬病，但在陳先生看
來，卻是裴松之最大的功勞。陳先生太平洋戰爭中在香港的經歷遭際，使他
對《建炎以來繫年要錄》中原未理解的「極世態詭變之至奇」之記載豁然心
通意會，深切體會到史書喜聚異同的價值，直言平生讀史四十餘年，從未有
此親切有味之感。其間得見《遼史補注序例》，陳述所持「寧詳毋略」之旨更
使陳先生深具同感，無怪乎他要大力標舉「合本」。

陳寅恪先生一輩學者治學眼界開闊，注重多種材料的運用。王國維先生
的二重證據法，陳寅恪先生以詩歌、小說等材料證唐史，均與前代史家迥異，
而與「合本」之思路異曲同工，所以說他對史料有一種特別的敏感。另一方
面，古人「集注」中的懲妄論辯，帶有注者主觀色彩，可能已將史料作了剪
裁甄別，非復原貌。《陳述遼史補注序》中批評的「庸妄子之書矜詡筆削，自
比夏五郭公斷爛朝報者」，正與此類似。可見陳先生對「合本」的特質始終有
準確把握，未將其與「集注」混淆。

「合本」與「集注」的分野，也是史學與經學的分界。陳先生在《楊樹
達論語疏證序》中說：

寅恪嘗謂裴松之三國志注，劉孝標世說新書注，酈道元水經注，楊
衒之洛陽伽藍記等，頗似當日佛典中之合本子注。然此諸書皆乙部，
至經部之著作，其體例則未見有受釋氏之影響者。〔註15〕

陳先生特意點明經部著作未見釋氏影響，實帶有標舉史學獨立的意圖。「集
注」產生之初，即有濃重的經學烙印，經學集注綜合各家之說，辨析義理，

〔註14〕 《金明館叢稿二編》，第234頁。
〔註15〕 《金明館叢稿二編》，第233頁。

其目的是經義的彰顯，多元歸一，而非史料的保存。史學研究則不同，近代以來，史家之眼光已大大擴展，重視材料的多元互證。但傳統史學多注重史官之筆，輕視別史筆記之類的材料。不過，佛教的傳入，提供了一個契機，其擅用類比故事宣揚教義的特點，孕育出事類相從之「合本」。陳寅恪先生特別表彰《三國志注》、《續資治通鑒長編》、《三朝北盟會編》、《建炎以來繫年要錄》等喜聚異同之書，將其源頭追溯至中古外來佛教學術，有意區分其與經學集注的分界，體現了一種近代史家立場。因此我們說，「合本子注」不僅僅是一個純學理提法，且是一個帶有陳寅恪先生個人及其時代印記的概念。

第二節　《洛陽伽藍記》體例質疑

一、《洛陽伽藍記》非「合本」體

　　第一節中，我們已將「合本子注」概念作了辨析，指出「合本子注」實即「合本」，與「子注」無關。據此，我們不難發現陳寅恪先生提出的《洛陽伽藍記》為「合本」體的說法，有以偏概全之嫌。陳先生討論《洛陽伽藍記》體例的論文——《讀洛陽伽藍記書後》、《徐高阮重刊洛陽伽藍記序》中所舉證的材料僅限於第五卷惠生使西域一節，沒有論證《洛陽伽藍記》全書均為「合本」體。〔註16〕也就是說，本書只有惠生使西域一節是符合「合本」體的。但此節體例明顯有別於其他章節，可視為全書的變例。楊衒之在節末云：「衒之按，《惠生行記》事多不盡錄，今依《道榮傳》、《宋雲家記》，故並載之，以備缺文。」這是楊衒之在《洛陽伽藍記·序》之外對體例的惟一說明，若「合本」為全書通例，作者不必另作說明。周一良先生指出：「《洛陽伽藍記》此類例子（指惠生使西域一節——引者）確是比較符合『瞻上視下，讀彼案此』的要求，猶之同本異譯的佛經，同一內容而各家譯文表達有別，並列起來易於比對。」〔註17〕周先生的論斷非常嚴謹，其所言「此類例子」，實際上表達了只承認第五卷為「合本」體的意見。徐高阮先生為顯明其師陳寅恪先生之說而作《重刊洛陽伽藍記》，他也注意到了這個問題：

〔註16〕陳寅恪：《讀洛陽伽藍記書後》，《金明館館叢稿二編》；《徐高阮重刊洛陽伽藍記序》，《寒柳堂集》，上海古籍出版社，1980年版。

〔註17〕周一良：《魏晉南北朝史論集》，北京大學出版社，1997年版，第409頁。

詳案文理，知其卷五惠生求法一節最肖佛徒合本而外，其全書注體
則與《三國志》、《世說新語》一流至爲近似。惟衍之既係手自刊補，
故其列舉故籍，參照異同之處，就全書論，已不多見。而其牽連附
合，枝蔓橫生。亦較裴、劉之作俱爲遠過。〔註18〕

徐先生意識到《洛陽伽藍記》其他章節並無「合本」列舉故籍、參照異同的
特點，但未敢懷疑師說，而以全書具有「牽連附合、枝蔓橫生」的特點予以
解釋，認爲這也是「合本」的某種體現。這個解釋其實是很牽強的，牽連枝
蔓與「合本」並無實質關聯，「合本」之「合」表明這種體式的本質特徵是綜
合各家，這也決定了此體最適合在裁合眾家譯（著）作時使用。遵循此體的
內典如《合維摩詰經》、《大比丘二百六十戒三部合異》等，受「合本」影響
的外典如《三國志注》、《世說新語注》等，均爲通篇引用眾家譯（著）作。《洛
陽伽藍記》作爲原創性著作，並未頻繁引用別家著述，類似第五卷的寫法占
全書比例不大，故其爲全書變例應無疑義。

二、文獻整理條例商兌

《洛陽伽藍記》雖非「合本」體，但不可否認書中有注文。自《史通》
提出本書有注，顧廣圻認爲注文混入正文以來，重分文注一直是學者整理此
書的重點。實際上，整理者之間並未取得一致意見，釐定注文分歧不斷。吳
若準《洛陽伽藍記集證》是最早重分文注的著作，唐晏評其「限域未清，
混淆不免」。〔註19〕唐晏《洛陽伽藍記鈎沉》則被范祥雍評爲「以意定之」，
〔註20〕周祖謨也指出其「界域不明」。〔註21〕徐高阮作《重刊洛陽伽藍記》
（以下簡稱「重刊」），批評吳、唐所分之不足。〔註22〕楊勇《洛陽伽藍記
校箋》（以下簡稱「校箋」）則認爲《重刊》所定條例「前後頗有牴牾」，並批
評周祖謨《洛陽伽藍記校釋》（以下簡稱「校釋」）「只顧條例，不顧實情」。
〔註23〕另外，張宗祥、范祥雍主張維持現狀，不分文注。

〔註18〕 徐高阮：《重刊洛陽伽藍記序》，歷史語言研究所專刊之四十二《重刊洛陽伽
藍記》，1960 年版，第 2 頁。

〔註19〕 唐晏：《洛陽伽藍記鈎沉·序》，見張宗祥《景洛陽伽藍記合校稿本》，世界書
局，1974 年版，第 175 頁。

〔註20〕 范祥雍：《洛陽伽藍記校注·例言》，上海古籍出版社，1978 年版。

〔註21〕 周祖謨：《洛陽伽藍記校釋·敘例》，上海書店出版社，2000 年版。

〔註22〕 徐高阮：《洛陽伽藍記補注體例辨》，《重刊洛陽伽藍記》附錄二。

〔註23〕 楊勇：《洛陽伽藍記之旨趣與體例》，《洛陽伽藍記校箋》，中華書局，2006 年

　　徐高阮、周祖謨、楊勇的整理是目前學界釐定注文的代表，三家所持條例基本一致，周祖謨先生說：

> 以予考之，此書凡記伽藍者爲正文，涉及官署者爲注文。其所載時人之事迹與民間故事，及有銜之案語者，亦爲注文。〔註24〕

楊勇《洛陽伽藍記之旨趣與體例》亦云：

> 一、此書凡記伽藍者爲正文，涉及官署者爲子注。
>
> 二、正文簡要，但及某人某事而止，後不重舉；注則多旁涉，又必重舉。
>
> 三、有銜之案語者爲注文。

徐高阮先生亦贊同記伽藍者爲正文，記官署、人事者爲注文。但在實際分理中，三家卻出現不少歧異，略舉幾例如下：

表一

內容	文　　　　本	性　　質		
		重刊	校釋	校箋
例1.官署	建春門內御道南有句盾、典農、籍田三署。（建春門）	注文	正文	正文
	東陽門內道北有太倉導觀二署。東南治粟里，倉司官屬住其內。（昭儀尼寺）	注文	注文	注文
	建陽里東有綏民里，里內有洛陽縣。（景興尼寺）	正文	正文	正文
例2.太后秉權	太后臨朝，閹寺專寵，宦者之家，積金滿堂。是以蕭忻云：「高軒斗升者，盡是閹官之釐婦；胡馬鳴珂者，莫非黃門之養息也。」（昭儀尼寺）	正文	正文	正文
	當時太后，正號崇訓，母儀天下，號父爲「秦太上公」，母爲「秦太上君」。爲母追福，因以名焉。（秦太上君寺）	正文	注文	注文
例3.佛像靈徵	永安三年七月，此像悲泣如初。每經神驗，朝野惶懼，禁人不聽觀之。至十二月，尒朱兆入洛陽，擒莊帝，帝崩於晉陽。（平等寺）	正文	注文	注文
	普泰元年，此寺金象生毛，眉髮悉皆具足。尙書左丞魏季景謂人曰：「張天錫有此事，其國遂滅，此亦不祥之征。」至明年而廣陵被廢死。（景寧寺）	正文	正文	正文

〔註24〕三家凡例見周祖謨：《洛陽伽藍記校釋・敘例》；楊勇：《洛陽伽藍記校箋》附錄《洛陽伽藍記之旨趣與體例》；徐高阮：《重刊洛陽伽藍記》附錄二《洛陽伽藍記補注體例辨》。

例4. 創寺緣由	地下常聞有鐘聲。時見五色光明，照於堂宇。暉甚異之。遂掘光所，得金像一軀，可高三尺，並有二菩薩。趺坐上銘云：「晉泰始二年五月十五日侍中中書監荀勗造。」暉遂捨宅爲光明寺。(昭儀尼寺)	正文	注文	注文
	時有隱士趙逸，……指子休園中曰：「此是故處。」子休掘而驗之，果得磚數萬。並有石銘云：「晉太康六年歲次乙巳九月甲戌朔八日辛巳，儀同三司襄陽侯王濬敬造。」時園中果榮豐蔚，林木扶疏，乃服逸言，號爲聖人。子休遂捨宅爲靈應寺。(景興尼寺)	正文	注文	注文
	(阜財里內有開善寺，京兆人韋英宅也。) 英早卒，其妻梁氏不治喪而嫁，更納河內人向子集爲夫，雖云改嫁，仍居英宅。英聞梁氏嫁，白日來歸，乘馬將數人至於庭前，呼曰：「阿梁！卿忘我也？」子集驚怖，張弓射之，應弦而倒，即變爲桃人。所騎之馬亦變爲茅馬，從者數人盡化爲蒲人。梁氏惶懼，捨宅爲寺。(開善寺)	正文	正文	注文
例5. 引用	是以常景碑云：「須彌寶殿，兜率淨宮，莫尙於斯也」。(永寧寺)	正文	注文	正文
	是以蕭忻云：「高軒斗升者，盡是閹官之釐婦；胡馬鳴珂者，莫不黃門之養息也。」(昭儀尼寺)	正文	正文	正文
	是以邢子才碑文云「俯聞激電，旁屬奔星」是也。(景明寺)	正文	注文	正文

表一顯示，三家分理常有不同，且各自常有前後矛盾的情況。《重刊》矛盾之處最少，遵守條例最爲嚴格，其缺點亦在拘泥條例。例1中，《重刊》因建春門條不涉及寺廟而將其列爲子注，但此條在如隱堂本中高起一格另立一段，與寺廟爲同等地位，不可能是注文，〔註25〕《校釋》、《校箋》均作出變通列作正文。昭儀尼寺條與景興尼寺條兩段均寫官署，但因後者位於段首，三家都破例列作正文。

例2寫太后秉權，依例應爲注文，三家將昭儀尼寺條該段列作正文，是因其下文有「忻，陽平人也」云云，更似注文。

例3、4分別寫佛像異動預示人事興廢，人事變遷引出寺廟創建。伽藍與人事有因果關係，密不可分，機械地套用條例，勢必導致文章支離。當作整體處理，則面臨定性的困難，各家難免出現分歧。

除各家之間不同外，表一縱向所示，每家前後不一之處也有不少。再舉一例，《洛陽伽藍記》中多次出現「爲某人追福而建寺(塔)」的內容，檢《校釋》，相關內容在建中寺條、沖覺寺條爲正文，秦太上君寺條、大統寺條、報德寺條則爲注文。這實際上也是定性困難的表現。

〔註25〕 如隱堂本《洛陽伽藍記》，《四部叢刊三編》本。

應該指出，三家代表的是相對成熟的整理，若對比草創時期的《洛陽伽藍記集證》和《洛陽伽藍記鈎沉》，歧異將會更多。

筆者認為，條例貫徹的不暢，源於整理者為此書預設的「寺廟（正文）——人事（注文）」兩分的寫作模式。實際上，楊氏在寫作中力避程序化，或單寫寺廟、或單寫人事、或以寺廟為歷史舞臺，或僅以寺廟為敘述引子，或以人事興廢聯繫寺廟沿革，或以佛像異動暗示人事變遷，另有不少筆墨純寫坊里民俗，無關佛事。〔註 26〕隨物賦形，難用條例揣度。楊衒之在《序》中說：「今之所錄，止大伽藍，其中小者，取其祥異，世諦俗事，因而出之」。表明其記敘內容隨對象而變化——人事是中小伽藍的記敘重心。〔註 27〕若人事皆為注文，部分中小伽藍將可能沒有正文。如此重要的凡例《序》中不予說明，是難以理解的。〔註 28〕

楊勇先生在列舉條例後說：「然則文章天成，高下由心，又不能硬性機械一概而言，要視文體文理神氣而定，順理成章，脈絡自然而已矣。」〔註 29〕說明他已意識到條例的相對性及其對文章脈絡帶來的破壞。書中很多章節文意緊扣，難覓注文痕跡，如卷二崇眞寺條開頭云：「崇眞寺比丘慧凝，死經七日還活，經閻羅王檢閱，以錯召放免……」全文敘述一個冥府遊記故事，只有「崇眞寺」三語涉及寺廟。嚴格地說，僅是作為「比丘慧凝」的定語，若按條例，本段將面臨沒有正文的窘境。《校釋》、《校箋》均將第一句割作正文，但下文顯然不是此句的注解。直接證據是，成書於唐代的《法苑珠林》卷九十二所引本條，第一句與下文是一體的，說明本條實際上沒有注文。表一例 4 開善寺條也是類似情況，《重刊》、《校釋》從文章脈絡考慮，全作正文；《校箋》則依崇眞寺條先例，只列首句為正文。

除自定條例外，整理者還從前代引用文獻中尋找文注分界的依據。周祖

〔註 26〕案：《洛陽伽藍記》並非所有章節都圍繞寺廟展開，如卷一建春門條從三官署寫起，依次寫到太倉、翟泉、河南尹府、華林園、藏冰室、百果園、苗茨堂等，即與寺廟無關，《校箋》列「建春門」為獨立一條。卷三宣陽門條也是類似情況，以永橋為起點，依次詳介四夷館、四夷里、白象坊、獅子坊等。《重刊》、《校箋》均獨列一條，《校釋》將之附於龍華寺下，實不恰當。這些篇章內容充實，自成段落，地位實等同於寺廟。

〔註 27〕案：徐高阮雖意識到大小伽藍之間寫法的不同，但他的解決方法是對兩者使用不同的分理標準，亦不可取。

〔註 28〕案：楊衒之在《序》中交代寫作緣起、目的、記錄順序、材料取捨等，說明其極具體例意識。《四庫全書總目》也稱此書「體例絕為明晰」。

〔註 29〕《洛陽伽藍記校箋》，第 262 頁。

謨先生從唐代智昇《開元釋教錄》所引永寧寺條得到啓示：

> 智昇所引的文字都是記述伽藍的，其間原文記載官署和歷史人物故
> 事的都一律沒有引。由此可知凡沒有引的應當都是注文。〔註30〕

楊勇也認爲周祖謨「根據《開元釋教錄》分析條例，最爲明智，可謂一大發明。」〔註31〕以官署和人事爲注文之例即來源於此。但這個思路也有問題，佛教典籍節引《洛陽伽藍記》多出於內容選擇，與注文無關。《開元釋教錄》爲經錄，其引永寧寺條是爲介紹寺廟（此寺是菩提留支供持之處），故不引官署和人事；同時代佛典《法苑珠林》引平等寺條的靈異故事，省略的則是寺廟部分（引文詳下）。並無證據顯示佛典中只有《開元釋教錄》所引才是正文。此外，《開元釋教錄》所引寺廟部分，作了不少隱括，可信度不高：

表二

《開元釋教錄》〔註32〕	《洛陽伽藍記》
鐵鎖角張，槃及鎖上皆有金鐸如一石甕。九級諸角皆懸大鐸，上下凡有一百三十枚。	復有鐵鏁四道，引剎向浮圖四角，鏁上亦有金鐸。鐸大小如一石甕子。浮圖有九級，角角皆懸金鐸，合上下有一百三十鐸。
其塔四面九間六窗三戶，皆朱漆扉垂諸金鈴，層有五千四百枚。	浮圖有四面，面有三戶六窗，戶皆朱漆。扉上各有五行金鈴，其十二門二十四扇，合有五千四百枚。
復施金鐸鋪首。佛事精妙，殫土木之工。	復有金環鋪首，殫土木之功，窮造形之巧，佛事精妙，不可思議。
北有正殿形擬太極。中諸像設金玉珠繡，作工巧綺冠絕當世。	浮圖北有佛殿一所，形如太極殿。中有丈八金像一軀，中長金像十軀，繡珠像三軀，金織成像五軀，玉像二軀。作工奇巧，冠於當世。
院牆周匝皆施椽瓦。正南三門樓開三道三重。去地二百餘尺。狀若天門赫奕華麗。	寺院牆皆施短椽，以瓦覆之，若今宮牆也。四面各開一門。南門樓三重，通三閣道，去地二十丈，形制似今端門。圖以雲氣，畫彩仙靈，列錢青璅，赫奕華麗。
於斯時也，雷雨晦冥，霰雪交注。第八級中平且火起。有二道人不忍焚燼投火而死。	火初從第八級中平且大發，當時雷雨晦冥，雜下霰雪，百姓道俗，咸來觀火。悲哀之聲，振動京邑。時有三比丘，赴火而死。
其年五月，有人從東萊郡至，云見浮圖在於海中，光明儼然，同睹非一。俄而雲霧亂起失其所在。	其年五月中，有人從東萊郡來云：「見浮圖於海中，光明照耀，儼然如新，海上之民，咸皆見之。俄然霧起，浮圖遂隱。」

〔註30〕 周祖謨：《漫談校注〈洛陽伽藍記〉的經過》，《洛陽伽藍記校釋》，第 248 頁。
〔註31〕 楊勇：《洛陽伽藍記之旨趣與體例》，《洛陽伽藍記校箋》，第 257 頁。
〔註32〕 據《大正藏》第 55 冊，第 541 頁。

從表中可以看出，《開元釋教錄》減省篇幅的意圖非常明顯（《歷代三寶記》卷九、《大唐內典錄》卷四所引此節均無此現象），引文並不可靠，不可據此斷定其未引者必為注文。永寧寺條中被徐、楊、周一致定為正文的記敘永熙之變的三句：「建義元年，太原王尒朱榮總士馬於此寺」；「永安二年五月，北海王元顥復入洛，在此寺聚兵」；「永安三年，逆賊尒朱兆囚莊帝於寺」即因內容無關而未被《開元釋教錄》引用。〔註33〕

另外，《開元釋教錄》多有改動原文處，如「是以常景碑云：『須彌寶殿，兜率淨宮，莫尚於斯也』」句被移至下文「詔中書舍人常景為寺碑文」後。受其影響，周祖謨先生將此句列作注文（見表一例5）。細繹此句，「是以」表明其緊接上文，作注文處理後大段正文中出現一句注文，頗顯突兀。《歷代三寶記》、《大唐內典錄》均未作改動，徐高阮、楊勇定此句為正文。故以《開元釋教錄》為探溯《洛陽伽藍記》體例的依據是值得商榷的，由此歸納的條例也未必可靠。

由此可見，無論歸納條例，或依據引用文獻，都難以作為釐定注文的依據。我們不妨進一步探討：本書的子注到底是何種形態？歷史上是否確曾出現過文注混淆？

三、「子注」說探源

清代學者顧廣圻（1766～1835）最早提出要重分《洛陽伽藍記》注文。不過，最先注意到《史通》說《洛陽伽藍記》有注的是《四庫全書總目》，四庫館臣認為注文已刊落，並將錯亂時間定為宋代：

> 自宋代以來，未聞有引用其注者，則其刊落已久，今不可復考矣。

〔註34〕

顧廣圻則認為注文尚存，且已混入正文：

> 此書原用大小字分別書之。今一概連寫，是混注入正文也。〔註35〕

目前學界一般傾向於顧氏的說法，認為此書在宋代經歷了一次文注混淆。事實上，本書原用大小字書寫只是顧氏的推測，並無原始文獻依據，顧氏的推測也無法解釋：在文注分明的隋唐，《歷代三寶記》、《大唐內典錄》、《法

〔註33〕 案：《開元釋教錄》所引及於永寧寺條結尾，可知其出於內容選擇而不引。

〔註34〕 《四庫全書總目》卷七十·史部二十六·地理類三，中華書局，1997年版，第958頁。

〔註35〕 顧廣圻：《思適齋書跋》，上海古籍出版社，2007年版，第32頁。

苑珠林》等書所引文字卻與今本基本相同。實際上，顧氏僅據《史通》中提到的「子注」而推斷本書文注混淆是不夠嚴密的。筆者認為，四庫館臣認為注文刊落固然也屬猜測，但這實際上表達了另一個觀點：今本並無注文痕迹。

顧氏一生致力於刻書，其對古書傳刻失真可能帶有某種職業敏感，而未必是從閱讀原始文獻出發。四庫館臣多為飽學之士，他們意識到此書有子注後當會從文本尋找蛛絲馬迹，故館臣的觀點應該引起我們足夠的重視。

循此線索，筆者發現隋唐佛教經錄、唐宋以來的公私書目及刻書家均不言此書有注，更無文注混淆的記載。包括宋代《通志》、《遂初堂書目》、《郡齋讀書志》、《直齋書錄解題》及此後毛晉父子的跋文。宋人黃伯思曾二校此書，亦未提子注混淆一事，〔註36〕而宋代恰被認為是《洛陽伽藍記》文本形態發生巨變的時代。最可能說明本書體例的《洛陽伽藍記序》，也不提書中有注。浦起龍《史通通釋》特別指出了這點，曲折地表達了對《史通》「子注說」的質疑。〔註37〕因此，有必要重讀《史通·補注篇》：

> 次有好事之子，思廣異聞，而才短力微，不能自達，庶憑驥尾，千里絕群。遂乃摭眾史之異辭，補前書之所闕。若裴松之《三國志》，陸澄、劉昭《兩漢書》，劉彤《晉紀》，劉孝標《世說》之類是也。

> 亦有躬為史臣，手自刊補，雖志存該博，而才闕倫敘。除煩則意有所吝，畢載則言有所妨，遂乃定彼榛楛，列為子注。若蕭大圜《淮海亂離志》，羊衒之《洛陽伽藍記》，宋孝王《關東風俗傳》，王劭《齊志》之類是也。

> 權其得失，求其利害，少期集注《國志》，以廣承祚所遺，而喜聚異同，不加刊定，恣其擊難，坐長煩蕪。……自茲已降，其失逾甚。若蕭、羊之瑣雜，王、宋之鄙碎，言殊揀金，事比雞肋，異體同病，焉可勝言。〔註38〕

論者多關注此處提到的「子注」，較少注意《史通》對蕭、羊、宋、王（以下

〔註36〕 參范祥雍：《洛陽伽藍記校注》附編二「歷代著錄及序跋題識」，第358~380頁。
〔註37〕 浦起龍：《史通通釋》內篇《補注》，第一冊，上海書店出版社，1988年版，第88頁。
〔註38〕 《史通通釋》內篇《補注》，第一冊，第85~86頁。

簡稱「四家」，裴松之、陸澄等簡稱「五家」）的「瑣雜」、「鄙碎」作了尖銳的批評，類似的評論在正史中也出現過，《北齊書·宋孝王傳》云：

> 世良從子孝王……撰《別錄》二十卷，會平齊，改爲《關東風俗傳》，更廣見聞。勒成三十卷上之。言多妄謬，篇第冗雜，無著述體。〔註39〕

《隋書·王劭傳》云：

> 劭在著作，將二十年，專典國史，撰《隋書》八十卷。多錄口敕，又採迂怪不經之語及委巷之言，以類相從，爲其題目，辭義繁雜，無足稱者。〔註40〕

這類批評提示我們，四家的著述在唐代即公認有拖沓繁瑣之病。而《洛陽伽藍記》的整理者卻一致將敘事繁瑣當作宋代文注混淆後的結果，並以重現正文簡潔之風爲整理目標。楊勇先生的觀點最具代表性：「自趙宋以來，以鈔刻失愼，文注混爲一色，於是文章枝蔓繁衍，殊失風神。」〔註41〕因此，宋代混淆說很可能有問題。

　　細繹上引《補注篇》可知，文中僅言《洛陽伽藍記》有注，未將其與《三國志注》同列，說明《洛陽伽藍記》與注解體不同，可能僅是偶爾使用子注。此中關鍵是如何理解「異體同病」，從上下文看，非指四家之間，而是指四家與五家之間。「自茲已降」，說明劉知幾將五家與四家歸爲兩類對比。五家是劉知幾批評的重點，四家爲附帶提及，借評五家語來評四家，故言「異體同病」。意爲四家與五家雖體例不同，但都有瑣碎的毛病。所謂體例不同，是指他注和自注的不同。五家爲它書作注，所引材料均入注文，故注文繁瑣。四家是自注，可自由安排正文與注文的比例。自注的常例是以正文爲主體，子注爲補充，未見正文寥寥幾語，注文長篇大論的體式。《隋書》、《北齊書》也不會專門圍繞四家的注文作批評。故所謂「異體同病」當是指五家注文過繁，四家正文過繁。劉知幾所言「雖志存該博，而才闕倫敘」，實即批評四家駕御

〔註39〕《北齊書》卷四十六，中華書局，1972 年版，第 640 頁。
〔註40〕《隋書》卷六十九，中華書局，1973 年版，第 1609 頁。
〔註41〕《洛陽伽藍記校箋》，第 248 頁。另外，翁同文爲《校箋》作序云：「所定正文，遂無枝蔓蕪雜之病，於是文章之美頓顯，衒之本來面目可復」（《洛陽伽藍記校箋》，第 10 頁）。陳寅恪《讀洛陽伽藍記書後》也說：「楊書原本子注亦必甚多。」徐高阮解釋官署部分劃作注文時說：「如入正文，則殊嫌冗贅」（《重刊洛陽伽藍記》，第 88 頁）。可見學者普遍認爲本書正文簡潔。

材料能力的不足，其注文使用並不成功，未起到分流「瑣雜」內容的作用。因此，筆者認爲《洛陽伽藍記》的本來面貌應是正文多且文風枝蔓，注文僅偶爾出現，處於邊緣地位。因注文少，楊衒之在《序》中未予說明，公私目錄也不提，浦起龍的質疑也可得到解釋。

現存史料也反映出四家著述正文繁瑣的特點。《史通》對於王劭《齊志》的敘事成就評價很高，《雜說篇》云：

> 王劭國史，至於論戰爭，述紛擾，賈其餘勇，彌見所長。至如敘文宣逼孝靖以受魏禪，二王殺楊、燕以廢乾明，雖《左氏》載季氏逐昭公，秦伯納重耳，欒盈起於曲沃，楚靈敗於乾溪，殆可連類也。又敘高祖破宇文於邙山，周武自晉陽而平鄴，雖《左氏》書城濮之役，鄢陵之戰，齊敗於鞍，吳師入郢，亦不是過也。

《模擬篇》云：

> 至王劭《齊志》，述高季式破敵於韓陵，追奔逐北，而云「夜半方歸，槊血滿袖。」夫不言奮槊深入，擊刺甚多，而但稱「槊血滿袖」，則聞者亦知其義矣。以此而擬《左氏》，又所謂貌異而心同也。

《雜說篇》認爲《齊志》的文章可與《左傳》媲美，從《模擬篇》可知，《齊志》主要吸取了《左傳》擅長以細節傳神的特點。這個特點實際上正是《補注篇》批評的對象，因爲細膩的刻畫難免使文章顯得瑣碎，給人「辭義繁雜」、「記錄無限，規檢不存」之感。這也從側面說明了《齊志》正文篇幅不會太少。

上引《北齊書》載《關東風俗傳》從二十卷增廣到三十卷，並言「篇第冗雜，無著述體」，當是添加正文所致，倘若添加注文，文注分明，反可能遵循了某種體例。另外，添加注文不一定增加卷數，如裴松之爲《三國志》作注，篇幅大大擴充，亦無卷次的增加。

除《洛陽伽藍記》外，四家僅《關東風俗傳》在《通典》中存有佚文：

> 其時強弱相淩，恃勢侵奪，富有連畛互陌，貧無立錐之地。昔漢氏募人徙田，恐遺墾課，令就良美。而齊氏全無斟酌，雖有當年權格，時暫施行，爭地文案有三十年不了者，此由授受無法者也。其賜田者，謂公田，及諸橫賜之田，不問貧賤，一人一頃，以共芻秣。自宣武出獵以來，始以永賜得聽買賣，遷鄴之始，濫職眾多，所得公田，悉從貿易。又天保之代，曾遙壓首人田，以充公簿。比武平以

後，橫賜諸貴及外戚佞寵之家，亦以盡矣。又河渚山澤有可耕墾肥饒之處，悉是豪勢。或借或請，編戶之人，不得一壟，糾賞者依令，口分之外，知有買匿，聽相糾列，還以此地賞之。至有貧人，實非剩長，買匿者苟貪錢貨，詐吐壯丁口分以與糾人，亦既無田，即使逃走帖賣者，帖荒田七年，熟田五年。錢還地還，依令聽許。露田雖復不聽賣買，賣買亦無重責。貧戶因王課不濟，率多貨賣田業，至春困急輕致藏走。亦（有）懶惰之人，雖存田地，不肯肆力，在外浮遊，三正賣其口田以供租課。比來頻有還人之格，欲以招慰逃散，假便暫還，即賣所得之地，地盡還走，雖有還名，終不肯住，正由縣聽其賣帖園田故也。廣占者依令，奴婢請田亦與良人相似，以無田之良口比有地之奴牛。宋世良天保中獻書，請以富家牛地先給貧人，其時朝列稱其合理。〔註42〕

這段文字不似注文，敘事確顯「冗雜」。《法苑珠林》的引文，為《洛陽伽藍記》正文多注文少提供了最直接的證據，如卷三十九所引平等寺條：

漢平等寺，廣平武穆王懷捨宅所立也。寺門外有金像一軀，高二丈八尺，相好端嚴，常有神驗。國之吉凶先炳祥異。孝昌三年十二月，此像面有悲容垂淚遍體皆濕，時人號曰「佛汗」，京師士女空市而觀。有一比丘，以淨綿拭其淚，須臾之間綿濕都盡，更以他綿換拭，俄然復濕，如此三日乃止。至明年四月，尒朱榮入洛陽誅戮百官，死亡塗地。至永安二年三月，此像復汗，京邑仕庶復往觀視。五月，北海入洛，莊帝北巡。七月，北海大敗，所將江淮子弟五千餘人，盡被俘虜無一得還。永安三年七月，此像悲泣復如初汗。每經神驗，朝野惶懼，禁人不聽觀視。至十二月，尒朱兆入洛擒莊帝，帝崩於晉陽。宮殿空虛百日無主。唯尚書令司州牧樂平王尒朱世隆鎮京師，商旅四通盜賊不作。〔註43〕

這段引文第一句後省略了「在青陽門外二里御道北，所謂孝敬里也。堂宇宏美，林木蕭森，平臺複道，獨顯當世」，而這段文字恰恰是有關寺廟的。這個例子說明《珠林》所引文字原為一體，只因內容需要而有所去取，與注文無關。《校釋》、《校箋》以「孝昌三年」以下為注文，脈絡一貫的敘事變成了怪

〔註42〕 《通典》卷二，中華書局，1984 年版，第 15 頁。
〔註43〕 《大正藏》第 53 冊，第 594 頁。

異的注解體。此外,《法苑珠林》卷九十二引崇眞寺條,卷九十七引菩提寺條,均未省略原文,足以證明其中並無注文,文長不引。〔註44〕這說明今本《洛陽伽藍記》自唐以來基本維持原貌,並未發生過文注混淆。

從文章本身也能看出本書正文浩繁枝蔓的特點,舉兩個最明顯的例子。卷四開善寺條「當時四海晏清」句下,濃墨重探刻畫元琛奢侈誇富、百官任力取絹二事,描繪出全盛時期北魏統治者的奢華生活,接著筆鋒一轉,云:

> 經河陰之役,諸元殲盡,王侯第宅,多題爲寺。壽丘里閭,列刹相望,祇洹郁起,寶塔高淩。四月初八日,京師士女多至河間寺。觀其廊廡綺麗,無不歡息,以爲蓬萊仙室亦不是過。入其後園,見溝瀆塞産,石磴嶕嶢,朱荷出池,綠萍浮水,飛梁跨閣,高樹出雲,咸皆唧唧,雖梁王兔苑想之不如也。

「當時四海晏清」與「經河陰之役」兩句,分領兩個轉折關係的句群,前段寫統治者的奢侈,正爲河陰之役後已爲寺廟的王侯宅第仍有「蓬萊仙室」、「梁王兔苑」之氣象作鋪墊,兩者上下文關係至爲明顯。《校釋》、《校箋》未審此點,均以前者爲注文,後者爲正文,破壞了文章脈絡。

沖覺寺條也是如此。若依《校釋》、《校箋》所分,本條正文只有開頭「沖覺寺,太傅清河王懌捨宅所立也,在西明門外一里御道北」和結尾「爲文獻追福,建五級浮圖一所,工作與瑤光寺相似也」兩句,中間部分均被列作注文。這樣一來就出現了文意斷裂,不知「文獻」即元懌諡號的讀者會問:「文獻」是誰?爲何爲他追福?知道的讀者也會問:元懌怎可能生前爲自己追福?再看中間部分,介紹了元懌的出眾的才華、尊崇的地位及死後被諡「文獻王」等事,與上下文顯然處於同一敘述層次,不可能是注文。

我們知道,正文與注文的關係如同骨架與血肉,前者固然需要後者來充實,但並不依賴於後者。楊衒之若將枝蔓部分列作注文,其初衷是爲正文簡潔流暢,但事實是分理後正文反而不通,只能說明枝蔓部分併非注文,文風枝蔓是本書原有的特點。楊氏的高明之處在於,枝蔓的敘事中仍能貫穿一條清晰的線索。整理者以內容類別來釐分注文是個誤區,分出子注固然可使正文篇幅變少,實際上卻改變了本書原貌。

那麼,《史通》所謂「子注」到底何指?陳寅恪先生認爲是指惠生使西域一節:「劉子玄蓋特指其書第伍卷惠生宋雲道榮等西行求法一節,以立說舉

〔註44〕 見《大正藏》第53冊,第970、1002~1003頁。

例」。〔註45〕筆者贊同陳先生的看法，劉知幾不解「合本」體，故將此節看作子注。另外，文中不時出現的「銜之按」、「銜之曰」也應當是以注文形式寫出。按語承自史書讚語，非爲自創，故《序》中不作交代。構成本書主體的關於寺廟沿革、建築形制、歷史人文、民俗志怪等的內容，並未按照子注體來寫。

四、體例淵源

筆者認爲，《洛陽伽藍記》敘事枝蔓的特點，與楊氏的史家意識有關。《洛陽伽藍記序》中所言「恐後世無聞」，是楊氏存史意識的證明，本書多引文章的特點亦可由此解釋。如永寧寺條引北海王給莊帝的信，正始寺條引姜質《亭山賦》，平等寺條引長廣王禪位文等。此類引用固然導致文章冗長拖沓，但我們知道，楊氏雖謙言「才非著述，多有遺漏」，實以史家自任，這種寫法可追溯至《漢書》多錄重要之文的特點，而《漢書》雖有自注，卻並未將所引文章列爲注文。

《洛陽伽藍記》屬寺塔記，其寫寺廟而兼採歷史人文、俗謠志怪的特點，與魏晉南北朝時期地志寫作特點一致，如陸機《洛陽記》云：

> 洛陽有銅駝街。漢鑄銅駝二枚，在宮南四會道相對。俗語曰：「金馬門外集眾賢，銅駝陌上集少年。」言人物之盛也。〔註46〕

晉·張僧監《潯陽記》云：

> 湓口城，漢高祖六年灌嬰所築。建安中，孫權經住此城，自標作井地，遂得故井。井中有銘石云：「漢六年，潁陰侯開此井。卜云，三百年當塞，塞後不度百年，當爲應運者所開。」權見銘欣悅，以爲己瑞。人咸異之。〔註47〕

除此之外，地志中眾多的「異物志」、「草物狀」，刺激了《洛陽伽藍記》對博物的興趣，如瑤光寺條、報德寺條對奇珍異果的描寫等。不同的是，歷史人文在地志中多爲地理的附庸，在《洛陽伽藍記》中則上升爲敘事主體。表面上看，歷史人文依託於寺廟而存在，實際上這個關係是相反的。本書寫作的目的，在寄寓一種亡國之思，故《序》中明言中小伽藍選取的標準是「世諦俗事」。作者以「銜之曰」對歷史發表評論，表明其對寺塔記的超越，而完全

〔註45〕　《金明館叢稿二編》，第 158 頁。
〔註46〕　劉緯毅：《漢唐方志輯佚》，北京圖書館出版社，1997 年版，第 70 頁。
〔註47〕　《漢唐方志輯佚》，第 109 頁。

是史家意識的體現。楊勇先生認為「衒之曰」如同「君子曰」,深得《左傳》遺法。〔註 48〕本書被後人譽為「拓跋之別史」(吳若準語),絕非偶然。整理者以歷史人文為寺廟的附注,實際上低估了楊氏的史家意識。

　　需特別指出的是,魏晉南北朝高僧行記對《洛陽伽藍記》的寫作影響至深。楊衒之精通佛典,書中所引《惠生行記》等文,可見其對高僧行記的特別關注。下表以東晉法顯《佛國記》為例作簡要對比:

表三

	《佛國記》〔註 49〕	《洛陽伽藍記》
介紹句式	值其國王作般遮越師。般遮越師,漢言五年大會也。	北海王元顥復入洛,在此寺聚兵。顥,莊帝從兄也。
地點轉換	出城南門千二百步,道西,長者須達起精舍。精舍東向開門,門戶兩廂有二石柱,左柱上作輪形,右柱上作牛形。池流清淨,林木尚茂,眾華異色,蔚然可觀,即所謂祇洹精舍也。	出建春門外一里余至東石橋南,北而行,晉太康元年造。橋南有魏朝時馬市,刑嵇康之所也。
地理變遷	佛即成道,與諸弟子游行,語云:「此本是吾割肉貿鴿處」。	後隱士趙逸云:「此地是晉侍中石崇家池,池南有綠珠樓。」
類似描述	其城西七八里有僧伽藍,名王新寺。作來八十年,經三王方成。可高二十五丈,雕文刻鏤,金銀覆上,眾寶合成。塔後作佛堂,莊嚴妙好,梁柱、戶扇、窗牖,皆以金薄。別作僧房,亦嚴麗整飾,非言可盡。	殫土木之功,窮造形之巧,佛事精妙,不可思議,繡柱金鋪,駭人心目。至於高風永夜,寶鐸和鳴,鏗鏘之聲十餘里。浮圖北有佛殿一所,形如太極殿。……作功奇巧,冠於當世。僧房樓觀一千餘間,雕梁粉壁,青瑣綺疏,難得而言。
作者現身	眾僧問法顯:「佛法東過,其始可知耶?」顯云:「訪問彼土人,皆云古老相傳……」法顯等三人南度小雪山。雪山多夏積雪,山北陰中遇寒風暴起,人皆噤戰。慧景一人不堪復進,口出白沫,語法顯云:「我亦不復活,便可時去,勿得俱死。」於是遂終。法顯撫之悲號:「本圖不果,命也奈何。」	衒之時為奉朝請,因即釋曰:「以蒿覆之誤。故言苗茨,何誤之有?」眾咸稱善,以為得其旨歸。衒之嘗與河南尹胡孝世共登之,下臨雲雨,信哉不虛。

《佛國記》又名《佛遊天竺國記》,《洛陽伽藍記》移步換景的寫法實際上有些類似於行記。再加上記錄對象的佛教色彩,其受高僧行記的影響是很自然的。從表三第一例可知,《洛陽伽藍記》中常被看作注文的介紹句式「某某,

〔註 48〕　《洛陽伽藍記校箋》,第 255～256 頁。
〔註 49〕　據章巽:《法顯傳校注》,上海古籍出版社,1985 年版。

某某也」，實際上是高僧行記常用的句法。除表中所列的類似表達外，筆者認為兩者在結構上也非常相似，即均呈現一種「串連平行段落」特點：以行蹤為主線，將一個個並行的段落（佛國、寺廟）串連而成，如同一個主干上生出的多個分枝。每到一處先寫地理環境，次敘人文風俗，故文風雖顯枝蔓，但繁而不亂。結構與體例密切相關，而體例具有一定的慣性，故楊衒之另創新體的可能性並不大。

遺憾的是，清代以來對《洛陽伽藍記》子注的理解，一開始即以《水經注》等他注之書為參照。顧廣圻說：

> 意欲如全謝山治《水經注》之例，改定一本，旋因袁壽皆取手校者去，未得施功。〔註50〕

顧氏雖未施功，但希望朱紫貴依此分理，後由朱氏的外甥吳若準完成《洛陽伽藍記集證》，第一次分理出注文，顧氏的影響不可忽視。陳寅恪先生認為《洛陽伽藍記》與《水經注》、《三國志注》、《世說新語注》均為「合本」體影響的產物，並表達過「楊衒之自注之體可參照其同時注書通習以考定」〔註51〕的觀點，徐高阮先生也認為「全書注體則與《三國志》、《世說新語》一流至為近似」。這些看法為《水經注》等書影響《洛陽伽藍記》文注分理提供了可能。

《水經注》研究是清代顯學，全祖望七校《水經注》在當時影響很大，全氏《水經注五校本題辭》列舉經注區別云：

> 經文與注文頗相似，故能相淆，而不知孰玩之，則固判然不同也。
> 經文簡，注文繁；簡者必審擇於地望，繁者必詳及於淵源。一為綱，一為目，以此思之蓋過半矣。若其所以相淆者，其始特鈔胥之屬耳。〔註52〕

不難看出，全氏所舉兩大區分要素：繁簡之別與內容之別，無形中對《洛陽伽藍記》的文注分理條例產生了深遠影響。張宗祥先生曾指出以《水經注》為參照存在的問題：

> 楊氏舊文果如吳氏（吳若準——引者）所述，則記文寥寥，注文繁重，作注而非作記矣。……此書子注之難分，實非水經注之比。《水

〔註50〕顧廣圻：《思適齋書跋》，第32頁。

〔註51〕徐高阮：《重刊洛陽伽藍記序》，《重刊洛陽伽藍記》，第1頁。

〔註52〕全祖望：《全校水經注》，《四庫未收書輯刊》，貳輯24～10。

經》經注出自兩人，文筆絕異；此書則自撰自注，文筆相同。〔註53〕
張先生固然是從分理角度討論，但畢竟意識到了他注與自注的不同，並採取了審慎的態度。但張先生維持原狀的觀點在時人看來偏於保守，在研究史上也不占主流，而整理者以《水經注》等書爲參照對象，其結果難免枘鑿方圓。

因此，筆者在本書中，將不再把所引《洛陽伽藍記》的文本分爲正文和子注。

第三節　《說郛》本《洛陽伽藍記》的版本價值

《洛陽伽藍記》版本以如隱堂本和吳琯《古今逸史》本爲兩大系統，這兩個版本出現於明代中後期。現代學者整理《洛陽伽藍記》多以如隱堂爲底本，參校《古今逸史》系統各本、唐宋佛典及《永樂大典》、《元河南志》等。〔註54〕元末明初陶宗儀《說郛》亦收《洛陽伽藍記》，且年代早於上述兩大系統。但由於《說郛》版本源流複雜，通行的涵芬樓本爲民國重校本。《洛陽伽藍記》研究者如周祖謨、王伊同等先生對《說郛》未予重視，楊勇《洛陽伽藍記校箋》、范祥雍《洛陽伽藍記校注》雖偶以《說郛》作校勘參考，但均未在凡例的參校書目中列出，未意識到其版本價值。究其原因，一是《說郛》本《洛陽伽藍記》爲節錄本，且有部分訛奪錯簡；二是涵芬樓本《說郛》爲近人張宗祥先生在幾個殘本基礎上重輯而成，已非原貌。但即便如此，涵芬樓本《說郛》仍頗具校勘價值。筆者有幸得見浙江台州臨海市博物館所藏明汲古閣六十卷本《說郛》，此本張宗祥先生未曾寓目，是現存《說郛》最早的古本。〔註55〕將汲古閣本《說郛》之《洛陽伽藍記》與涵芬樓本對校，發現汲古閣本確有不少文字更優。因此筆者認爲，汲古閣本的出現，將提升《說郛》在《洛陽伽藍記》版本譜系中的地位，且對《洛陽伽藍記》版本研究也有裨益。茲舉涵芬樓本、汲古閣本校例如下：〔註56〕

〔註53〕 張宗祥：《景洛陽伽藍記合校稿本》，第 242 頁。
〔註54〕 關於《洛陽伽藍記》版本的研究，可參羅晃潮：《〈洛陽伽藍記〉版本述考》，《文獻》，1986 年第 1 期；林晉士：《〈洛陽伽藍記〉之版本考述》，《大陸雜誌》第 92 卷第 3 期。
〔註55〕 這個版本的詳細情況可參徐三見：《汲古閣藏明抄六十卷本〈說郛〉考述》，《東南文化》，1994 年第 6 期。
〔註56〕 以下所引《洛陽伽藍記》例文，除特別說明，均爲涵芬樓本《說郛》。爲行文

一、各本皆誤，僅《說郛》本正確的文字

1. 永寧寺條：其年五月，有人從東蒙（萊）郡來，云見浮圖於海中。（汲古閣本，以下未特別注明的均爲涵芬樓本）

   「東萊郡」，各本《洛陽伽藍記》和涵芬樓本均誤作「象郡」，范祥雍、楊勇、周祖謨先生據《魏書》、《太平御覽》、《續高僧傳》、《開元釋教錄》，均以「東萊郡」爲是。僅汲古閣本提供了直接文本證據。按，汲古閣本原作「東蒙郡」，係抄工誤「萊」爲「蒙」，其所依底本爲「東萊」無疑。

2. 建中寺條：（劉）騰已物故，太后追思騰罪，發墓殘屍，以宅賜高陽王雍。雍薨，太原王尒朱榮停憩其上，榮被誅。尚書令樂平王尒朱世隆爲榮追福，以爲寺。

   「雍薨」至「榮被誅」句，各本皆脫。范祥雍先生校云：「按下文云：『尒朱世隆爲榮追福』，與此義正相應。有之當是，今據以補。」〔註57〕楊勇、周祖謨未參考《說郛》，均未補出。

3. 長秋寺，劉騰所立也。騰初爲長秋卿，因以爲名。

   各本誤作「長秋令卿」。按，《魏書·劉騰傳》：「後爲大長秋卿」。

4. 願會寺條：願會寺，中書侍郎王翊捨宅立也。

   各本誤作「中書舍人」，《魏書》、《太平御覽》、《大典》、《元河南志》作「中書侍郎」。

5. 龍華寺條：尚莊帝姊壽陽長公主字莒犁……及京師傾覆，綜棄州北走，世隆追取公主，主至洛陽，逼之，公主罵曰：「胡狗，敢辱天王女乎，我寧受劍而死，終不爲逆胡所污也！」世隆怒縊殺之。

   「壽陽長公主」各本作「壽陽公主」，脫「長」。《魏書·蕭贊傳》：「尚帝姊壽陽長公主。」《漢書·昭帝紀》注：「帝之姊妹則稱長公主，儀比諸王。」「我寧受劍而死，終不爲逆胡所污也」句，各本除《津逮》均脫。

6. 崇眞寺條：曇謨最曰：「立身以來，唯好講經，實不闇誦。」……以直

方便，《洛陽伽藍記》各版本簡稱「各本」、如隱堂本稱「如本」、古今逸史本稱「逸史」、津逮秘書本稱「津逮」、漢魏叢書本稱「漢魏」、永樂大典本稱「大典」。

〔註57〕范祥雍：《洛陽伽藍記校注》，上海古籍出版社，1978 年版，第 39 頁。

諫忤時，斬於都市，斬訖，目不瞑，屍行百步，時人談以枉死。

各本作「斬於都市訖，目不瞑」，「訖」前脫「斬」。各本「疊」前均衍一「其」字。

7. 景興尼寺條：苻生雖好勇嗜酒，亦仁而不殺。

各本誤作「符生」。

8. 秦太上君寺條：秦太上君寺，胡太后之所立也。太后正號崇訓，母儀天下，號父為秦太上君，母為秦太上后，為母追福，因以名寺。……假令家道惡，腸中不懷愁。

「太后正號崇訓」句，各本均接於「司空張華宅」後，吳若準說：「各本俱在下文司空張華宅句下，今移於此作子注。」周祖謨先生也認為「依文意應為『胡太后所立也』之注文」，〔註58〕與《說郛》同。「腸」，各本誤作「腹」，前者為是，《太平廣記》與《說郛》同。漢魏六朝時期形容哀情多與「腸」相聯繫。曹操《薤露行》：生民百遺一，念之絕人腸。《周書·晉蕩公護傳》：遙奉顏色，崩動肝腸。《北史·魏長賢傳》：腸一夕而九回，心終朝而百慮。

9. 追先寺、禪靈寺

各本誤作「追光寺」、「禪虛寺」。《元河南志》作「追先寺」、《大典》作「禪靈寺」。

二、《說郛》本出於兩大系統共同的祖本

成書於元末的《說郛》本《洛陽伽藍記》雖係節錄本，但所依底本早於明代的如隱、逸史兩大系統，兩大系統各本不少異文可在《說郛》中得到校正。

1. 瑤光寺條：亦有名族處女，性愛道場，落髮辭親，來儀此寺，尒朱兆入洛陽，縱兵大掠，時有秀容胡騎入寺婬穢。自後頗獲譏訕。京師語曰：「洛陽女兒急作髻，瑤光寺尼奪作壻。」

「來儀」，《逸史》、《漢魏》、《津逮》誤作「來依」，《如本》不誤。按，《尚書·益稷》：「鳳凰來儀」。《方言》「儀，來也」。「入寺婬穢」，《如本》「寺」前衍「瑤光」二字，文意多餘，《逸史》、《漢魏》不誤。「婬穢」，《如本》、《大典》誤作「嫷穢」，《逸史》、《漢魏》作「淫穢」。「婬」

同「淫」，「媱」爲「婬」之訛，《說郛》本文字更古。「洛陽女兒」句，意爲洛陽的女子急急地梳鬢打扮，生怕被瑤光寺女尼奪去了夫婿。《如本》誤作「男兒」，義不可通，《逸史》、《漢魏》、《大典》不誤。

2. 景樂寺條：至於六齋，常設女樂。

「六齋」，《如本》誤作「大齋」，范祥雍、周祖謨、楊勇均有詳校。《逸史》、《漢魏》不誤。

3. 昭儀尼寺條：胡馬鳴珂者，莫非黃門之養息也。

「莫非」，《如本》誤作「莫不」，前者義長，《逸史》，《漢魏》不誤。

4. 瓔珞寺條：瓔珞寺，在建春門外，即中朝時白社地。

「社」，《逸史》、《漢魏》誤作「杜」；「地」，《如本》誤作「池」。

5. 崇眞寺：以誦四十卷涅槃，亦升天堂。

《如本》「四」下脫「十卷」。《逸史》、《漢魏》、《津逮》不脫。

6. 景興尼寺條：苻堅自是賢主，賊臣取位，妄書君惡。

「君」，《如本》誤作「生」，《逸史》、《漢魏》不誤。

7. 秦太上君寺條：太后正號崇訓，母儀天下。

「儀」字各本均脫，僅《津逮》不脫。

8. 報德寺：又贊學碑一所，並在堂前，魏文帝作典論六碑，至太和十七年猶有四。高祖題爲勸學里，里內有大覺、三寶、寧遠三寺。武定四年，大將軍遷石經於鄴。

「贊學碑」，《如本》誤作「讀書碑」，《逸史》、《漢魏》不誤。「六」，《如本》誤作「云」，《逸史》、《漢魏》、《元河南志》不誤。「大覺」，《如本》誤作「文覺」，各本作「大覺」。「鄴」，《如本》誤作「穎」。

由此可見，《說郛》本《洛陽伽藍記》當是從如隱堂、古今逸史兩大系統共同的祖本錄出，《洛陽伽藍記》版本至明代後才分爲兩大系統。

三、汲古閣本的價值

目前通行的涵芬樓本《說郛》，是張宗祥先生在六個殘本基礎上理校而成，其中仍有不少訛誤難解之處，這也是《洛陽伽藍記》研究者低估《說郛》本的原因。但張先生當年若能參校汲古閣本，不少訛誤是可以避免的。

1. 建中寺條：榮被誅，尙書令樂平王尒朱世隆爲榮追福，以爲寺。

涵芬樓本「以爲寺」前脫「題」。汲古閣本作「題以爲寺」，與各本同。

2. 光明寺條：苞信縣令段暉宅也，段暉宅下常聞鐘磬聲。

此條涵芬樓本列於明懸尼寺後，因與《洛陽伽藍記》原本順序不同，整理者出雙行小字校記云有錯簡。汲古閣本在願會寺條後，與各本同。「段暉宅下」應作「地下」，汲古閣本與各本同。

3. 龍華寺條：後除徐州刺史。

據《魏書・蕭贊傳》、《魏書・莊帝紀》，「徐州」應作「齊州」。涵芬樓本與《如本》皆誤，汲古閣本、《逸史》、《漢魏》不誤。

4. 景興尼寺條：苻堅自是賢主，賊臣取位，妄書君惡。

「賊臣」爲「賊君」之誤，汲古閣本與各本同。

5. 秦太上君寺條：號父爲秦太上君，母爲秦太上后。

據《魏書》、各本、汲古閣本，父應爲「秦太上公」，母爲「秦太上君」。

6. 報德寺條：表裏隸書寫《周易》、《尚書》、《公羊》、《論語》四部。

據各本與汲古閣本，「《論語》」應作「《禮記》」。

7. 王覺寺條

據各本與汲古閣本，應作「正覺寺」。

因此筆者認爲，《說郛》本是《洛陽伽藍記》明前的一個重要的版本，其時《洛陽伽藍記》尚未分爲如隱、逸史兩個系統。汲古閣本的出現，無疑將加重《說郛》本的分量，其在《洛陽伽藍記》版本譜系中應佔有獨特地位。

第二章　佛教史視野中的《洛陽伽藍記》

　　楊衒之在《洛陽伽藍記‧序》中，對北魏佛教的興盛有生動概括：

> 逮皇魏受圖，光宅嵩洛，篤信彌繁，法教愈盛。王侯貴臣，棄象馬
> 如脫屣，庶士豪家，捨資財若遺跡。於是招提櫛比，寶塔駢羅，爭
> 寫天上之姿，競摹山中之影；金剎與靈臺比高，廣殿共阿房等壯。
> 豈直木衣綈繡，土被朱紫而已哉！

可以說，《洛陽伽藍記》的出現，本身即是北魏佛教發達的產物。而現存的大
量北朝信眾造像遺存，則從另一個方面記錄了當時社會的崇佛風氣。傳世文
獻和石刻史料使我們逐漸形成了北朝佛教重信仰實踐、輕義理探討的印象。
與此同時，楊衒之對北魏佛教繁榮的記錄，雖出於對故國的感念，但書中常
流露出對王公貴族奢侈佞佛的批評。因此，歷來頗有學者將楊氏歸於反佛陣
營。筆者認為，這些問題仍有繼續探討的餘地。

第一節　北朝佛教的一個側面——崇眞寺條解讀

一、北方義學是否衰落？

　　《洛陽伽藍記》卷二崇眞寺條記載了這樣一則故事：

> 崇眞寺比丘惠凝，死經七日還活，經閻羅王檢閱，以錯名放免。惠
> 凝具說過去之時，有五比丘同閱。一比丘云是寶明寺智聖，坐禪苦
> 行得升天堂。有一比丘是般若寺道品，以誦四十卷涅槃，亦升天堂。
> 有一比丘云是融覺寺曇謨最，講《涅槃》、《華嚴》，領眾千人。閻羅
> 王曰：「講經者心懷彼我，以驕凌物，比丘中第一粗行。今唯試坐禪、

誦經，不問講經。」其曇謨最曰：「貧道立身已來，唯好講經，實不
閑誦。」閻羅王勅付司。即有青衣十人送曇謨最向西北門。屋舍皆
黑，似非好處。有一比丘云是禪林寺道弘，自云：「教化四輩檀越，
造一切經，人中金像十軀。」閻羅王曰：「沙門之體，必須攝心守道，
志在禪誦，不干世事，不作有爲。雖造作經像，正欲得它人財物；
既得它物，貪心即起；既懷貪心，便是三毒不除，具足煩惱。」亦
付司，仍與曇謨最同入黑門。有一比丘云是靈覺寺寶眞，自云出家
之前，嘗作隴西太守，造靈覺寺。寺成，即棄官入道。雖不禪誦，
禮拜不缺。閻羅王曰：「卿作太守之日，曲理枉法，劫奪民財，假作
此寺，非卿之力，何勞說此。」亦付司，青衣送入黑門。時太后聞
之，遣黃門侍郎徐紇依惠凝所說即訪寶明等寺。城東有寶明寺，城
內有般若寺，城西有融覺、禪林、靈覺等三寺。問智聖、道品、曇
謨最、道弘、寶眞等，皆實有之。議曰：「人死有罪福。即請坐禪僧
一百人常在殿內供養之。」詔不聽持經像沿路乞索。若私有財物，
造經像者任意。凝亦入白鹿山，隱居修道。自此以後，京邑比丘皆
事禪誦，不復以講經爲意。

故事中受到攻擊的曇謨最是北朝義學大師，但《續高僧傳》卷二十三《曇謨
最傳》中並無這則故事，可能道宣以其語怪不經而不取。不過這則故事向爲
研究北朝佛教史的學者所關注，對於這則故事的意義，有兩種不同路向的解
讀。湯用彤先生《漢魏兩晉南北朝佛教史》認爲，該故事反映了北方義學的
衰落：

此故事或雖僞傳，然頗可反映當時普通僧人之態度。後魏佛法本重
修行。自姚秦顛覆以來，北方義學衰落。一般沙門自悉皆禪誦，不
以講經爲意，遂至坐禪者或常不明經義，徒事修持。〔註1〕

湯先生的觀點很有代表性，呂澂《中國佛學源流略講》第八講也說：

概括的講，南方佛學偏重於玄談，北方佛學偏重於實踐。因此義學
在南方比較發達，禪法在北方廣爲流行。〔註2〕

方立天先生也說：「北朝佛教不尙空談義理」。〔註3〕范祥雍先生也認爲「它的

〔註1〕 湯用彤：《漢魏兩晉南北朝佛教史》，中華書局，1983年版，第560頁。
〔註2〕 呂澂：《中國佛學源流略講》，中華書局，1979年版，第159頁。
〔註3〕 方立天：《魏晉南北朝佛教的演變》，載《中原文物》，1985年特刊，第7頁。

主題思想反映了北朝佛教重禪誦苦行，不像南朝佛教好講經說理。」〔註4〕問題在於，既然北方義學已經衰落，爲何僧徒還要編造故事加以攻擊？事實上，以講經聞名於世的曇謨最在當時享有很高的聲望，楊衒之在融覺寺條曾記載西域沙門稱曇謨最爲「東方聖人」，〔註5〕這不免使人對湯先生的觀點產生疑問。

　　嚴耕望先生《魏晉南北朝佛教地理稿》在提及這則故事時，給出了不同的解釋：

> 今之學者多據此謂洛陽佛教以禪誦爲盛。按此語縱屬翔實，然所謂「自此以後」乃胡太后專政之後，已是都洛之後期，其前講經之風必盛，故習禪者造此閻王故事，以詆毀義講耳。按魏都由平城遷到洛陽，平城教風誠以禪誦爲盛，洛陽不免承風。但《孝文紀》云，「善談老莊，尤精釋義。」必亦崇尚義解，故太和之初已留意徵集論師。而於彭城《成實論》師尤深崇重，故道登、法度皆應詔至平城，且待登以師禮。及遷都洛陽，隨都遷洛者，除習禪之佛陀、僧達、僧實三僧外，有道淵與孝文時待以師禮之道登，皆爲義解僧。〔註6〕

嚴先生主要指出了兩點：其一、即便這則故事所言「自此以後，京邑比丘悉皆禪誦，不復以講經爲意」屬實，也僅能反映北魏末年的情況，不能推定姚秦以來北方義學均處衰勢。其二、通過史料鉤稽，說明北魏時期洛陽地區仍活躍著義解僧人。

　　湯、嚴二位學者觀點不同的背後，是解讀思路的不同。從性質上講，這則故事可歸爲佛教小說。近代以來，學者逐漸重視古代詩歌、小說等材料的史料價值。但正如周勳初先生所指出的：

> 筆記小說的性質介於文史之間，說它是文吧，記的都是史實，說它是史吧，卻又有文的特點，如誇張、渲染，甚至想像、虛構等。這種作品，讀之饒有興味。如果其中某個故事已爲正史所採納，那我還是願意再找原始記錄一讀，因爲這像保持原汁的飲料一樣，從中

〔註4〕　《洛陽伽藍記校注·序》，上海古籍出版社，1978年版，第19頁。

〔註5〕　《續高僧傳》卷第二十三作「東土菩薩」。中土僧人得到西域高僧類似尊稱的除曇謨最外僅有道安，《魏書·釋老志》載鳩摩羅什稱道安爲「東方聖人」。

〔註6〕　嚴耕望：《魏晉南北朝佛教地理稿》，上海古籍出版社，2007年版，第200頁。

往往可以發掘到更多的餘味。至於如何把這類材料運用到科學研究

上，那可就要根據使用材料的特殊要求靈活處理了。〔註7〕

周先生討論對象雖爲唐代筆記小說，對魏晉南北朝小說同樣適用。解讀小說材料的關鍵在「靈活處理」，視其性質而定。湯先生實際上是將崇眞寺條當作普通史料看待，從故事本身引申解釋。嚴先生則看到了該故事流播背後的創作動機，反映了北魏習禪派與講經派之間的矛盾。從邏輯上說，講經者之受習禪者的攻擊，恰恰說明其在佛教界「樹大招風」，影響力並未衰歇，因此，嚴先生的質疑是有力的。〔註8〕

講經派在佛教界的地位與北魏上層統治者有密切關係。如果說南朝的佛教多與士大夫階層相關，那麼北朝佛教則更多受到帝王好尚的影響，日本學者鎌田茂雄指出：「北魏諸帝之中，尊崇義學僧，舉行講經法會和安居等，當以孝文帝爲始。」〔註9〕《魏書》中有不少北魏帝王崇尚義學的記載，《魏書・韋閬傳附韋纘傳》云：

> 高祖（孝文帝）每與名德沙門，談論往復。

《高僧傳・釋僧宗傳》云：

> 釋僧宗，……魏主元宏遙挹風德，屢致書並請開講，齊太祖不許外
>
> 出。宗講《涅槃》、《維摩》、《勝鬘》等，近盈百遍。

《魏書・世宗紀》云：

> 己丑，帝於式乾殿爲諸僧、朝臣講《維摩詰經》。
>
> （帝）雅愛經史，尤長釋氏之義，每至講論，連夜忘疲。

《魏書・釋老志》云：

> 世宗篤好佛理，每年常于禁中，親講經論，廣集名僧，標明義旨。
>
> 沙門條錄，爲《內起居》焉。上既崇之，下彌企尚。至延昌中，天
>
> 下州郡僧尼寺，積有一萬三千七百二十七所，徒侶逾眾。〔註10〕

在魏初以來「儒生寒宦」的普遍境遇下，惠蔚被認爲是北魏立國以來最爲顯

〔註7〕 周勳初：《唐代筆記小說的整理心得》，《周勳初文集》第5冊，江蘇古籍出版社，2000年版，第124頁。

〔註8〕 李啓文：《〈魏晉南北朝佛教地理稿〉整理說明》指出，「（嚴先生）似受湯錫予先生《漢魏兩晉南北朝佛教史》影響，而別從地理角度撰述。」

〔註9〕 鎌田茂雄著，關世謙譯，《中國佛教通史》第三冊，佛光出版社，1986年版，第307頁。

〔註10〕 《魏書》，中華書局點校本，第3042頁。

達的儒者，得到世宗、肅宗兩代帝王的寵信，《魏書‧儒林傳》載其顯赫仕宦歷程，「肅宗初，出爲平東將軍、濟州刺史。還京，除光祿大夫」，並指出他之受寵信，源於「正始中，侍講禁內，夜論佛經，有愜帝旨」。正是其「擅講經」的才能深獲帝心，方有日後的恩寵顯達。於此儒者升遷側面可窺世宗對佛教義學愛尙之深。

《廣弘明集》卷二十四中載有孝文帝的兩道詔書，內容都與講經有關。《帝令諸州眾僧安居講說詔》云：

> 敕諸州令此夏安居清眾。大州三百人，中州二百人，小州一百人。任其數處講說，皆僧祇粟供備。若粟少徒寡，不充此數者。可令昭玄量減還聞。其各欽旌賢匠，良推睿德。勿致濫濁惰茲後進。〔註11〕

《帝聽諸法師一月三入殿詔》云：

> 先朝之世，經營六合，未遑內範。遂令皇庭闕高邈之容，紫闈簡超俗之儀。於欽善之理，福田之資，良爲未足。將欲令懿德法師，時來相見。進可飡稟道味，退可飾光朝廷。其敕殿中聽一月三入，人數法諱別當牒付。〔註12〕

前者將「安居」與「講說」並列，實即認爲「安居」與「講說」爲佛徒宗教生活最重要的兩個部分，研究北方民眾佛教信仰的學者侯旭東先生也認爲：「當時北方民間講經、唱導之類的活動一定很頻繁」。〔註13〕除此現實背景之外，後一詔令則涉及到推崇講經的另一個目的：關注國家儀禮的構建。孝文帝鑒於國家草創時期儀禮未備，特許懿德法師每月三次進宮，希望通過他們的開壇說法增進朝廷的高邈威容，完善宮內的程序禮節。在當朝帝王的重視與推揚下，義學實爲其時北方佛教的重要力量。

《魏書‧釋老志》云：「高祖時，沙門道順、惠覺、僧意、惠紀、僧範、道辯、惠度、智誕、僧顯、僧義、僧利，並以義行知重。」〔註14〕這些在北魏平城時期就已得到孝文帝尊崇的僧人，大多具有義學背景，僧意撰有《華嚴經注疏》，道辯曾爲《維摩》、《勝鬘》、《金剛》諸經作注，並撰有《小乘義章》六卷、《大乘義章》五十章。

〔註11〕　《大正藏》第52冊，第272頁。
〔註12〕　同上注。
〔註13〕　侯旭東：《五、六世紀北方民眾佛教信仰：以造像記爲中心的考察》，中國社會科學出版社，1998年版，第52頁。
〔註14〕　《魏書》，第3040頁。

　　孝文帝以來形成的尊崇義學沙門的傳統，一直延續到北魏後期的明帝時代，以曇謨最爲例，《續高僧傳》載其在邯鄲崇尊寺講說戒律時，曾感動幽靈，從邯鄲四面深山奔赴寺中聽講，更因其高德與精義，奉敕進駐地位崇高的洛陽融覺寺。正光元年（520），明帝元詡實行大赦，並請佛道二教的代表人物入宮辯論教義，以定二教優劣。曇謨最作爲義學大師被選爲佛教的代表，與他辯論的是通道觀道士姜斌。論題是釋迦牟尼與老子時代之先後，《續高僧傳》卷二三《曇謨最傳》中保留了這則重要史料：

> 元魏正光元年，明帝加朝服大赦，請釋李兩宗上殿。齋訖，侍中劉騰宣敕，請諸法師等，與道士論義。時清道館道士姜斌，與最對論。帝問：「佛與老子同時不？」姜斌曰：「老子西入化胡，佛時以爲侍者。文出老子開天經，據此明是同時。」最問曰：「老子周何王而生？何年西入？」斌曰：「當周定王三年，在楚國陳郡苦縣賴鄉曲人里，九月十四日夜生。簡王四年，爲守藏吏。敬王元年，八十五。見周德陵遲，遂與散關令尹喜，西入化胡，約斯明矣。」最曰：「佛當周昭王二十四年四月八日生，穆王五十二年二月十五日滅度。計入涅槃經三百四十五年，始到定王三年。老子方生，生已年八十五。至敬王元年，凡經四百三十年。乃與尹喜西遁。此乃年載懸殊，無乃謬乎？」斌曰：「若如來言出何文紀？」最曰：「《周書》『異記』，漢《法本內傳》，並有明文。」斌曰：「孔子製法聖人，當時於佛向無文志何耶？」最曰：「孔氏三備卜經，佛之文言出在中備，仁者識同管窺，覽不弘遠，何能自達？」帝遣尚書令元乂宣敕：「道士姜斌論無宗旨，宜令下席。」又議，《開天經》是誰所說。中書侍郎魏收，尚書郎祖瑩，就觀取經。太尉蕭綜、太傅李實、衛尉許伯桃、吏部尚書邢欒、散騎常侍溫子昇等一百七十人，讀訖奏云：「老子止著五千文，餘無言說。臣等所議，姜斌罪當惑眾。」帝時加斌極刑，西國三藏法師菩提留支苦諫，乃止，配徒馬邑。最學優程舉，繼乎魏史；藉甚騰聲，移肆通國。遂使達儒朝士，降階設敬，接足歸依。佛法中興，惟其開務。後不測其終。

從這則史料可知，北魏王室對於佛學義理的興趣，漸乎形成一種傳統。《續高僧傳》讓我們看到，嚴肅的義理討論仍然存在於寺院和宮廷之中。朝廷對言當其理的名僧大德倍加尊崇，對「論無宗旨」者則斥以「惑眾」之罪，嚴懲

不貸。由於王室的尊崇和支持，以曇謨最爲代表的義學高僧在佛教界的地位可想而知。佛教內部教派林立，習禪派編造故事對講經派加以攻擊，恰恰反映了講經派並未失勢，北方義學並未衰落。

二、獨樹一幟的冥府故事

崇眞寺條屬佛教冥府遊歷類型故事，冥府故事所宣揚的地獄恐怖是佛教傳教的重要手段之一，道端良秀認爲，中國淨土教的興起和地獄恐怖有密切關係。〔註15〕類型故事間的結構和情節的細小差異，往往能爲我們打開透視創作動機的窗口。據筆者所見，《幽明錄》卷五所載康阿得、石長和故事與崇眞寺條最爲接近：

> 康阿得死三日，還蘇。說初死時，兩人扶腋，有白馬吏驅之。不知行幾里，見北向黑暗門；南入，見東向黑門；西入見南向黑門；北入，見有十餘梁間瓦屋。有人皀服籠冠，邊有三十吏，皆言府君，西南復有四、五十吏。阿得便前趨拜府君。府君問：「何所奉事？」得曰：「家起佛圖塔寺，供養道人。」府君曰：「卿大福得。」問都錄使者：「此人命盡邪？」見持一卷書伏地案之，其字甚細。曰：「餘算三十五年。」府君大怒曰：「小吏何敢頓奪人命！」便縛白馬吏著柱，處罰一百，血出流漫。問得：「欲歸不？」得曰：「爾。」府君曰：「今當送卿歸，欲便遣卿案行地獄。」即給馬一匹，及一從人。東北出，不知幾里，見一地，方數十里，有滿城土屋。因見未事佛時亡伯、伯母、亡叔、叔母，皆著杻械，衣裳破壞，身體膿血。復前行，見一城，其中有臥鐵床上者，燒床正赤。凡見十獄，各有楚毒。獄名「赤沙」、「黃沙」、「白沙」，如此七沙。有刀山劍樹，抱赤銅柱。於是便還。復見七十八梁間瓦屋夾道種槐，名曰「福舍」，諸佛弟子住中。福多者上生天，福少者住此舍。遙見大殿二十餘梁，有二男子、二婦人從殿上來下，是得事佛後亡伯、伯母、亡叔、叔母。須臾，有一道人來，問得：「識我不？」得曰：「不識。」曰：「汝何以不識我？我共汝作佛圖主。」於是遂而憶之。還至府君所，即遣前二人送歸，忽便蘇活也。

〔註15〕道端良秀：《中國佛教思想史の研究》，京都平樂寺書店，1979 年版，第 98 頁。

石長和死，四日穌。說初死時東南行，見二人治道，恒去和五十步，長和疾行亦爾。道兩邊棘刺皆如鷹爪。見人大小群走棘中，如被驅逐，身體破壞，地有凝血。棘中人見長和獨行平道，歎息曰：「佛弟子獨樂，得行大道中。」前行，見七八十梁瓦屋，中有閣十餘梁，上有窗向。有人面闊方三尺，著皁袍，四縱掖，憑向坐，唯衣襟以上見。長和即向拜。人曰：「石賢者來也。一別二十餘年。」和曰：「爾。」意中便若憶此時也。有馮翊牧孟承夫婦先死，閣上人曰：「賢者識承不？」長和曰：「識。」閣上人曰：「孟承生時不精進，今恒爲我掃地。承妻精進，晏然無官家事。」舉手指西南一房，曰：「孟承妻今在中。」妻即開窗向，見長和問：「石賢者何時來？」遍問其家中兒女大小名字平安不，「還時過此，當因一封書。」斯須，見承閣西頭來，一手捉掃帚糞箕同手捉把拐，亦問家消息。閣上人曰：「聞魚龍超修精進，爲信爾不？何所修行？」長和曰：「不食魚肉，酒不經口，恒轉尊經，救諸疾痛。」閣上人曰：「所傳莫妄。」閣上問都錄主者：「石賢者命盡耶？枉奪其命邪？」主者報：「按錄餘四十餘年。」閣上人敕主者：「犢車一乘，兩闕車騎，兩吏，送石賢者。」須臾，東向便有車騎人從如所差之數。長和拜辭，上車而歸。前所行道邊，所在有亭傳、吏民、床坐、飲食之具。倏然歸家，前見父母坐屍旁。見屍大如牛，聞屍臭。不欲入其中，繞屍三匝，長和歎息，當屍頭前。見其亡姊從後推之，便踣屍面上，因即穌。

王晶波先生指出，佛教死而復生故事具有其自身特點：

> 與前述巫道信仰下的死而復生故事相比，佛教宣講的此類故事，從故事重心、結構到結局均有不同的特點。這類故事均將復生者的地獄經歷作爲重心，詳細描述死者如何被冥吏帶入地獄，途中所見所聞，閻羅審判、勘問罪福的經過，放還復生的原因（誤拘改判、發願懺悔等），以及閻羅判官的囑咐（行善、寫經，做功德）等等，這些內容占到整個故事的絕大部分。而作爲不可缺少的結局，都要寫到復生者復生後寫經造像，行善積德，康健長壽等。〔註16〕

〔註16〕 王晶波：《敦煌文學中的死而復生故事及其內涵》，《甘肅社會科學》，2009年第2期。

從大的結構上說，崇眞寺條與康阿得、石長和故事基本一致，開頭交代主人公被錯召入陰間，復活後訴說冥府見聞，其中均有冥府審判情節。但也有明顯不同，首先，崇眞寺條對地獄的描寫幾乎沒有，康、石故事則相當詳細，不僅有對地獄的概括性描寫，「見一城，其中有臥鐵床上者，燒床正赤。凡見十獄，各有楚毒。獄名『赤沙』、『黃沙』、『白沙』，如此七沙。有刀山劍樹，抱赤銅柱。」且有受難的具體描繪，如康阿得的已故長輩「皆著杻械，衣裳破壞，身體膿血。」石長和的同行者因不信佛「如被驅逐，身體破壞，地有凝血。」此類恫嚇性描寫無不傳達出不奉佛將入地獄的警示。其次，與地獄描寫相表裏，康、石故事對奉佛者得好報作了大力宣揚。故事說二人分別餘有 35、40 年陽壽，在戰爭頻仍、人命短促的南北朝，無疑是信佛所賜。澄清誤召之後均有僕人車馬相送，與下地獄者確有天壤之別。而在崇眞寺條中，天堂與地獄的差別是簡單的以「入天堂」、「入黑門」之類概念性語句一筆帶過。隱藏在這些差別背後的，是兩類故事創作動機和受眾的不同。

康、石故事的目的在勸人信佛，有明顯的「釋氏輔教」意味。崇眞寺條則進一步提出了「如何奉佛」的問題。最能體現此點差異的情節是受審對象的不同，前者爲俗人，後者是五比丘。前者凡奉佛者均有好報；後者卻出現了佛門弟子被「送入黑門」的情況。審判者的態度也出現分化，同樣是奉佛，府君對康阿得「起佛圖塔寺，供養道人」的做法贊爲：「卿大福得。」崇眞寺條中閻羅王卻對道弘、寶眞的造像、建寺行爲大加呵斥。由此可見，崇眞寺條是對北魏佛教發展路向的反思。

目前學界普遍認爲，崇眞寺條體現了禪誦派對講經派的攻擊。禪誦，意爲坐禪與誦經，屬佛徒個人宗教行爲。講經則是宣揚佛法，擴大社會影響的重要手段。《高僧傳》中雖有「習禪」、「義解」之分，不過在實際上，很多高僧都是兼修的。細究曇謨最的生平，便知不能簡單將其歸入講經派。《續高僧傳》卷二十三《曇謨最傳》曰：

> 釋曇無最，姓董氏，武安人也。靈悟洞微，飡寢玄秘，少稟道化，名垂朝野。爲三寶之良將。即像法之金湯。諷誦經論，堅持律部。偏愛禪那，心虛靜謐。時行汲引，咸所推宗。兼博貫玄儒，尤明論道。

《洛陽伽藍記》卷四融覺寺條云：

> 比丘曇謨最善於禪學，講《涅槃》、《華嚴》，僧徒千人。天竺國胡沙

門菩提流支見而禮之，號為菩薩。

「禪」是梵文「禪那」的簡稱，也可稱「禪定」，是佛教的一種修持方法。自鳩摩羅什翻譯禪經，禪即傳到中土。以上兩則材料都顯示出曇謨最實際上精於禪學，〔註17〕《續高僧傳》言其「堅持律部」，可見他不廢戒持修行。至於誦經，則更是佛徒日常功課，高僧大德定慧雙修是普遍現象，道安、慧遠均是如此。另一方面，即使偏重禪誦的僧人，也不廢宣講佛理，帶領信眾造像，從事修路、造井等公益事業。〔註18〕禪誦與講經、造作經像的界線實際上並不那麼涇渭分明。因此，崇真寺條中曇謨最自言「唯好講經，實不闇誦」多半是故事撰作者編造的不實之詞。編造的目的，無非是將曇謨最樹立為講經派的代表。筆者認為，這並非源於禪誦與講經不可調和的矛盾，而是講經所帶來的社會影響，可能使佛教發展偏離教義，失去控制，這已經引起了佛門內部有識之士的警覺和反思。

崇真寺條除譏諷講經派外，實際上還批判了僧人勸募造像、曲理枉法、劫奪民財等行為，這些絕非講經派所能涵蓋，而是佛教發展日趨「猥濫」的表現。僧徒熱衷於俗務，失卻了出家修行的本旨。閻羅王所言「沙門之體，必須攝心守道，志在禪誦，不干世事，不作有為」是這則故事傳達的核心思想。《佛說摩訶剎頭經》中明確規定僧徒可以在造像中得到財物：

> 灌佛形象所得多少，當作三分分之。一者為佛錢。二者為法錢。三者為比丘僧錢。佛錢繕作佛形象，若金若銅若木若泥若堁若畫，以佛錢修治之。法錢者，架立樓塔精舍籬落牆壁內外屋，是為法錢。比丘僧有萬錢。千比丘當共分之。〔註19〕

〔註17〕 詹秀惠：《楊衒之與禪》（《孔孟月刊》第 30 卷第 9 期）一文認為，曇謨最所精為如來禪（重修行），而當時京師比丘已傾向於達摩禪（重頓悟）了。這個說法有待商榷，正如向世山《如來禪與祖師禪的分立與融合》（《中華文化論壇》，1995 年第 4 期）一文指出：「祖師禪作為與如來禪對立的提法，比禪南北宗派的提法更晚，禪南北宗的提法是作為宗派的禪宗第一次分化，而祖師禪與如來禪的提法標誌著禪宗風行全國後所出現的差異。」禪至慧能、神秀始有南北之別。在楊衒之的年代，習禪、禪學仍為一較籠統的概念。釋來聖《略論南北宗禪的對立》（《戒幢佛學研究所 2002 級學員文集》http://www.jcedu.org/dispfile.phpid=4087）也認為：公元 5 世紀末以前，習禪者多奉行傳統的禪法，以念佛、冥想、苦行為手段，與持戒、誦經並無區別。

〔註18〕 參劉淑芬：《五至六世紀華北鄉村的佛教信仰》，《歷史語言研究所集刊》第 63 本第 3 分，第 514 頁。

〔註19〕 《大正藏》第 16 冊，第 798 頁。

僧徒中有識之士對此現象極為憂慮，借佛之口予以批評，《佛說像法決疑經》曰：

> 善男子我滅度已千年後，惡法漸興。千一百年後，諸惡比丘、比丘尼遍閻浮提，處處充滿，不修道德，多求財物，專行非法。多畜八種不淨之物，身無十德，畜二沙彌，未滿十臘，已度沙彌。以是因緣一切俗人輕賤三寶，從是已後，一切道俗競造塔寺，遍滿世間，塔廟形象，處處皆有，或在山林曠野，或在道邊，或在巷路臭穢惡處，頹落毀壞無人治理。爾時道俗雖造塔寺供養三寶，而於三寶不生敬重。〔註20〕

北朝造像繁盛，石刻遺存眾多，〔註21〕僧徒難免良莠不齊，佛門風氣之敗壞可想而知，這部分人受到批判是理所當然的。而講經者之受詬病，則需聯繫北朝帝王對義學僧的禮遇、宮廷講經的盛行來理解。客觀地說，講經者引導了上層統治者的崇佛及佞佛，而後者在很大程度上推動了佛教的畸形繁榮，王公貴族過度地捨資財以造寺廟，使大量社會資財流入佛門，激化社會矛盾，編民逃役勢所難免；同時寺院所特享的種種優遇客觀上為託庇佛門以逃避徭役者提供了便利，由此造成了佛門的猥濫。

以「猥濫」一詞形諸佛門，尚有與《洛陽伽藍記》同時代的《魏書‧釋老志》：

> 正光已後，天下多虞，王役尤甚，於是所在編民，相與入道，假慕沙門，實避調役，猥濫之極，自中國之有佛法，未之有也。略而計之，僧尼大眾二百萬矣，其寺三萬有餘。流弊不歸，一至於此，識者所以歎息也。

楊衒之、魏收不約而同地以「猥濫」來形容北魏正光以後的佛教，說明佛門確已達整頓的臨界點。《廣弘明集》卷六《敘列代王臣滯惑解》提到楊衒之曾上書稱：「讀佛經者，尊同帝王，寫佛畫師，全無恭敬。請沙門等同孔老拜俗，班之國史。行多浮險者，乞立嚴敕，知其真偽。然後佛法可遵，師徒無濫。則逃兵之徒，還歸本役，國富兵多，天下幸甚。」正是鑒於其時佛門之污穢雜亂，已漸形成禍國殃民之勢，楊、魏以國家秩序為出發點提出批判，而義

〔註20〕《大正藏》第85冊，第1337頁。
〔註21〕劉淑芬：《五至六世紀華北鄉村的佛教信仰》，侯旭東：《五、六世紀北方民眾佛教信仰》均有詳細討論。

學僧由於對上層統治者之佞佛負有一定的責任，故成批判對象。如果說，上述批評還是來自佛教外部；那麼，崇眞寺條所記冥府故事則是佛門內部有識之士有感於佛門現狀而發出的整肅聲音。

　　中古高僧大德對佛門末流的弊端常有警覺，如曹虹教授指出慧遠曾「痛心於佛門內的積弊不幸而成爲桓玄指責的事實，爲之『憤慨盈懷』」。〔註22〕佛教徒通過典籍編纂來表達對佛門風氣的看法，在中古時期也不鮮見，方廣錩先生認爲慧皎將其著作命名爲《高僧傳》，是有深意的：

> 當時佛教界的情況比較複雜，部分僧人貌似棲託高遠，實質業尚鄙近。乃至鑽營權門，戒律蕩廢。慧皎所謂的「寡德適時」之徒，實際是對這部分僧人的批評。所以，慧皎撰寫《高僧傳》這件事本身就隱含著以佛教的標準對釋門的種種不良作風進行整肅的意思。
> 〔註23〕

惠凝入冥故事的創作動機也可用方先生的分析來解釋，這個故事後來被唐代懷信編入《釋門自鏡錄》，也很能說明問題。崇眞寺條與《佛說像法決疑經》關注的問題是一致的，但它通過對佛教慣用的布道方式——冥府遊記故事——的巧妙改編來體現，因而具有獨特的趣味和意義。

第二節　楊衒之反佛問題再探討

一、從《高識傳》到《敘歷代王臣滯惑解》

　　關於《洛陽伽藍記》是否屬於反佛文獻，已有不少學者作了探討。隨著研究的深入，學界基本傾向於楊氏並不反佛，其反對的是佛教末流的猥濫和上層統治者的「不恤眾庶」。〔註24〕但也有學者持不同意見，如侯外廬《中國思想通史》認爲：「楊衒之的《洛陽伽藍記》，爲公認的反佛的激烈文獻。」〔註25〕黃公渚《洛陽伽藍記的現實意義》、范祥雍《洛陽伽藍記校注·序》均贊同侯說。湯用彤、范子燁也認爲楊氏反佛。他們所據材料爲唐道宣《廣弘

〔註22〕 曹虹：《慧遠評傳》，南京大學出版社，2002 年版，第 212 頁。
〔註23〕 方廣錩：《道安評傳》，崑崙出版社，2004 年版，第 36 頁。
〔註24〕 曹道衡、曹虹的研究是這方面的代表。參曹道衡：《〈洛陽伽藍記〉的幾個問題》，《文學遺產》，2001 年第 3 期。曹虹：《〈洛陽伽藍記〉新探》，《文學遺產》，1995 年第 4 期。
〔註25〕 侯外廬：《中國思想通史》第 3 卷，人民出版社，1957 年版，第 361 頁。

明集》卷六《敘歷代王臣滯惑解》中的相關文字。

　　分析《敘歷代王臣滯惑解》，不能不提與之密切相關的傅奕《高識傳》。傅奕，唐高祖武德初年爲太史令，曾屢次上疏請廢佛法，但終未能實行。《新唐書》卷一○七《傅奕傳》載其武德七年上疏極詆佛法曰：

> 西域之法，無君臣父子，以三塗六道嚇愚欺庸。追既往之罪，窺將來之福，至有身陷惡逆，獄中禮佛，口誦梵言，以圖偷免。且生死壽夭，本諸自然；刑德威福，繫之人主。今其徒矯託，皆云由佛，攘天理，竊主權。《書》曰：「惟辟作福，惟辟作威，惟辟玉食。臣有作福作威玉食，害于而家，凶于而國。」

在上疏反佛的同時，《新唐書》本傳還言其「集晉、魏以來與佛議駁者爲《高識篇》。」可知《高識傳》集中了歷代排佛人士的言論。此書亡佚已久，宋以後書目中未見收錄。其佚文多保留在《敘歷代王臣滯惑解》中，《敘歷代王臣滯惑解》是道宣爲駁《高識傳》而作，其《序》云：

> 有唐太史傅奕者，本宗李老，猜忌釋門。潛圖芟剪，用達其鄙。武德之始，上書具述。既非經國，當時遂寢。奕不勝其憤。乃引古來王臣訕謗佛法者二十五人，撰次品目，名爲《高識傳》，一帙十卷。抄於市賣，欲廣其塵。又加潤飾，增其罪狀。……若夫城高必頹，木秀斯拔。惟我清峻，故有異道嫉之。……故因其立言，仍隨開喻。……傅氏寡識，才用寄人。集敘時事廢興，太半坑殘焚蕩之事，可號非政，所須沙汰括撿之條，斯實王化之本。故僧條俗格，代代滋彰，此乃禁非，豈成除毀？傅氏通入廢限，是謂披毛之夫，終淪塗炭，可悲之甚矣。〔註26〕

道宣認爲，《高識傳》把那些主張完善僧條俗格以整肅佛門之人也說成反佛是沒有道理的。爲便於反駁，道宣將《高識傳》列舉的 25 位排佛者重新分成了兩類：

> 搜揚列代論佛法者，莫委存廢。通疏二十五人，大略有二：初則崇敬佛法，恐有淫穢，故須沙汰，務得住持；二則憎嫉昌顯，危身挾怨，故須除蕩，以暢胸襟。初列住持王臣一十四人，傅奕《高識傳》通列爲廢除者，今簡則是興隆之人：
>
> 宋世祖、唐高祖、王度、顏延之、蕭摹之、周朗、虞願、張普惠、

〔註26〕　《大正藏》第 52 冊，第 123 頁。

李瑒、衛元嵩、顧歡、邢子才、高道讓、盧思道。

二列毀滅王臣一十一人，傅奕《高識傳》列爲高識之人，今尋乃是廢滅者：

魏太武、周高祖、蔡謨、劉畫、陽炫之、苟濟、章仇子陀、劉惠琳、范縝、李緒、傅奕。〔註27〕

道宣承認第二類的十一人確屬反佛者，但認爲第一類的十四人，即被傅奕列作「廢除者」的，實際上是興隆佛教之人。他們只是主張「禁非」、「沙汰」，目的是爲了「住持」，即保留與弘揚佛教。道宣的反駁方式，是通過對《高識傳》傳文的重新分析，指出其人對佛教所持的眞正態度。以顏延之爲例，《敘歷代王臣滯惑解》云：

顏延之，琅琊人。有文章，好飲酒，放逸不護細行。宋元嘉中，遷太常。沙門慧琳以才學迴拔，爲太祖所賞，每升獨榻之禮。延之嫉焉，曰：「此三臺之座，豈可使刑餘居之。」帝變色。……然顏公著論，褒贊極多。至如《通佛影迹》、《通佛頂齒爪》、《通佛衣鉢杖》、《通佛二甦》。不然，皆置言。高拔群英之所模楷者，「刑餘」之言，一時之貶琳耳。〔註28〕

這段文字上半部分引用《高識傳》，後半部分是道宣的反駁，這是《敘歷代王臣滯惑解》的寫作通例。正如道宣所言，顏延之對於慧琳的譏貶只是出於一時的妒忌，不能由此證明其反佛立場。傅奕爲顯示「得道多助」，將標準定得過於寬泛。顏延之確實不反佛，反而是位崇佛者。除道宣上舉顏氏佛學著述外，當時何承天著《達性論》，提出「形弊神散」，對佛教神不滅之旨提出挑戰。顏氏作《釋達性論》，專以護教，二人曾展開激烈爭論，往復書信載於《弘明集》卷四。顏氏佛學修養精深，常可與高僧探討佛理，《高僧傳》卷七《慧嚴傳》曰：

時顏延之著《離識觀》及《論檢》，帝命嚴辯其同異，往復終日，帝笑曰：「公等今日，無愧支許。」〔註29〕

足證顏氏的佛學修爲及向佛之心，可見道宣的反駁是有力的，傅奕將顏延之列作廢除者確顯牽強。另外，《高識傳》所列「廢除者」中，有相當一部分人

〔註27〕 同上注。
〔註28〕 《大正藏》第52冊，第127頁。
〔註29〕 梁・慧皎撰，湯用彤校注：《高僧傳》，中華書局，1992年版，第262頁。

是從國家治理角度出發，主張對佛教積弊進行整治，道宣認為他們的目的反而是興隆佛教。如唐高祖，《敘歷代王臣滯惑解》云：

> 大唐高祖太武皇帝沙汰釋李二宗詔。帝以武德末年，僧徒多僻，下詔澄簡，肅清遺法，非謂除滅，尤為失旨。故詔云：「朕膺期馭宇，興隆教法，深思利益，情在護持，使玉石區分，薰蕕有辯，長存妙道，永固福田，正本澄源，宜從沙汰。」斯正詔也，而奕敘為滅法，則誣君罪惘，值容養寬政，網漏吞舟，故存其首領耳。〔註30〕

據《舊唐書·高祖紀》，詔令中還有以下文字：

> 諸僧、尼、道士、女冠等，有精勤練行、守戒律者，並令大寺觀居住，給衣食，勿令乏短。其不能精進、戒行者有缺、不堪供養者，並令罷遣，各還桑梓。所司明為條式，務依法教，違制之事，悉宜停斷。

唐高祖雖對僧徒出家動機不純、僧眾良莠不齊的現象予以嚴斥，但並未從根本上否定佛教，而是仍然標榜「興隆教法」、「情在護持」，承認精修守戒者應有的地位，並主張予以供養。道宣所言「沙汰括撿之條，斯實王化之本。故僧條俗格，代代滋彰，此乃禁非，豈成除毀？」也確實擊中要害，僧條俗格的累積意在禁斥姦佞，並不代表佛教該被除毀。前秦苻堅、後趙石虎都是奉佛之帝王，他們都曾針對沙門真偽混淆的狀況下令沙汰。

道宣將《高識傳》「廢除者」解釋為「興隆者」最關鍵的理由，是他們雖然主張整頓佛教，但主要是針對佛教末流的「奢競」，寺院經濟侵奪民財，影響國計民生，對教義本身則頗存敬意。如蕭摹之云：「敬情浮末，不以精誠為至。更以奢競為重，違中越制，宜加檢裁。」張普惠云：「道由化深，故諸漏可盡。法隨禮積，故彼岸可登。」高道讓云：「苟有其誠，則蘋藻侔於百品。明德匪馨，則烹牛下於礿祭。而況鷲山之術，彼岸之奇，而可以虛求乎？」說明他們對於精誠信佛者仍持肯定態度，與申明華夷之辨或攻擊佛教教義，如否定輪迴、主張形隨神滅的排佛者有本質區別。從長遠上說，這些主張是有利於佛教正常發展的，所以道宣會視高道讓為「護法之純臣」。實際上，《敘歷代王臣滯惑解》所載楊衒之的觀點與蕭摹之等人是非常接近的：

> 陽衒之，北平人。元魏末為秘書監。見寺宇壯麗，損費金碧，王公相競，侵漁百姓。乃撰《洛陽伽藍記》，言不恤眾庶也。後上書述釋

教虛誕，有爲徒費，無執戈以衛國，有飢寒於色養。逃役之流，僕隸之類，避苦就樂，非修道者。又佛言有爲虛妄，皆是妄想。道人深知佛理，故違虛其罪。故又廣引財事乞貸，貪積無厭。又云讀佛經者，尊同帝王，寫佛畫師，全無恭敬。請沙門等同孔老拜俗，班之國史。行多浮險者，乞立嚴敕，知其眞僞。然後佛法可遵，師徒無濫。則逃兵之徒，還歸本役，國富兵多，天下幸甚。

衒之此奏，大同劉晝之詞。言多庸猥，不經周孔。故雖上事，終委而不施行。而奕美之徹於府俞，致使浮游浪宕之語備寫不遺，斯仍曲士之沉鬱，非通人之留意也。〔註31〕

楊氏雖言「釋教虛誕」，但從上下文看，應爲特指佛教末流之弊。楊氏主要批評了兩點，一是佛門已成爲庶民逃避徭役、避苦就樂的場所。二是僧徒雖然標榜高格，實際上對佛教儀式與教義並無恭敬之心。造成這種情況的原因，是上層統治者的佞佛和「不恤眾庶」，而非佛教本身。只有當此類情形得到改善之後，方能使「佛法可遵，師徒無濫」。可見楊氏亦在強調對佛教的精誠信仰，這與其在《洛陽伽藍記》中所表達的思想是一致的。士大夫對佛教有過某些具體的批評，未必就屬於反佛陣營。以侍中崔光爲例，一方面他曾上表勸阻靈太后登永寧寺九層佛圖，似對佛教頗有微辭。另一方面又曾施錢四十萬造正始寺，「崇信佛法，禮拜讀誦，老而逾甚，終日怡怡，未曾恚忿」（《魏書・崔光傳》），深受佛教慈悲爲懷、戒殺仁愛觀念浸染。當時有孕婦李氏因犯「妖惑扇亂」罪當處死刑，崔光因其懷有身孕，建議世宗待其分娩百日後執行死刑，開孕婦分娩百日後執行死刑先例。其行爲與佛教影響有密切關係。

既然楊氏的基本觀點是對佛門末流進行沙汰，依道宣的邏輯，楊衒之即便不入「護法之純臣」，也不至於列入「廢滅者」。實際上，道宣將楊衒之列入「廢滅者」的原因，可能與楊氏主張沙門禮敬王者有關。楊氏所言「請沙門等同孔老拜俗，班之國史」，即建議朝廷頒佈詔令，讓沙門與儒、道一樣禮敬王者，而道宣恰恰是最反對這點的。他在《序佛教隆替事簡諸宰輔等狀一首》中說：

昊天上帝，嶽瀆靈祇，君人之主，莫不祭饗而下拜。今僧受佛戒，形具佛儀。天龍八部奉其道而伏其容。莫不拜伏於僧者也。故得冥

〔註31〕《大正藏》第52冊，第128頁。

祐顯徵，祥瑞雜沓。聞之前傳，豈復同符老氏均王侯於三大者哉。故沙門之宅生也，財色弗顧，榮祿弗縻。觀時俗若浮雲，達形命如陽焰，是故號爲出家人也。故出家不存家人之禮，出俗無沾處俗之儀。其道顯然，百代不易之令典者也。〔註32〕

曹虹教授認爲，道宣在這段文字中「以天龍八部禮佛之狀來推翻『老氏均王侯於三大』的邏輯」，對王侯恃天爲尊的王權秩序表達一種嘲弄之意。道宣反對沙門拜俗的立場承自慧遠，並且他將理論依據追溯到儒家經典，從《周易》、《禮記》中找到證據，可見其立場之堅定。〔註33〕道宣的這種思想傾向，是他將楊衒之列入「廢滅者」的重要原因。龔本棟先生在對比《弘明集》與《廣弘明集》異同時指出：

《弘明集》所收之文一般都不作刪節，然道宣對所選文章則有增刪，且在所選之文前後，時時附記數筆，或交代文章的寫作背景，或提示文章內容，或作一作者小傳，或對原文略作補充說明和論述，無一不鮮明地表現出其弘教護法的思想傾向。〔註34〕

可見道宣爲弘教護法，不惜增刪文獻。《敘歷代王臣滯惑解》屬《廣弘明集》中道宣自撰部分，雖以前代資料爲基礎，其中增刪之處仍有不少。據臺灣學者張蓓蓓先生考證，《敘歷代王臣滯惑解》的「唐高祖」、「周朗」、「蕭摹之」條對原始材料有刪改。〔註35〕我們細讀楊衒之的奏摺，文中的「又」、「故又廣引」、「又云」等語，說明道宣對楊氏奏摺是擇錄而非全錄，道宣錄其主張沙門拜俗的觀點，可見他對此的反感。因此，我們對楊氏反佛應作具體分析，首先他是被道宣列入反佛陣營而得此名聲，其次是與道宣個人的反對沙門拜俗立場有關。〔註36〕

〔註32〕 《大正藏》第 52 冊，第 457 頁。

〔註33〕 參《慧遠評傳》，第 353～355 頁。

〔註34〕 龔本棟：《〈廣弘明集〉在中國佛教史上的價值、地位及其現代意義》，《中國典籍與文化》，1998 年第 4 期。

〔註35〕 張蓓蓓：《〈高識傳〉與中古排佛人物》，《中古學術論略》，大安出版社，1991 年版。

〔註36〕 需要說明的是，宋世祖劉駿曾令沙門致敬王者，但仍被道宣列爲興隆者。原因在於道宣所列興隆者之標準爲「崇敬佛法，恐有婬穢，故須沙汰，務得住持」，劉俊曾針對佛法訛替，沙門混雜下詔，令「付所在精加沙汰」。道宣指出：「宋唐兩帝王顏等賢，鑒物性之昏明，曉時緣之淳薄。……毀藏積之僧淫，存高尚之道德。」可見道宣將他與唐高祖並論，取其沙汰之舉，故列爲興隆者。另外，出於護法需要，道宣對於帝王放寬標準，不計較劉駿的沙門拜俗

二、別具一格的「釋氏輔教之書」

「釋氏輔教之書」這一概念是由魯迅先生最先提出，他在《中國小說史略》中說：

> 釋氏輔教之書，《隋志》著錄九家，在子部及史部，今惟顏之推《冤魂志》存，引經史以證報應，已開混合儒釋之端矣，而餘則俱失。遺文之可考見者，又宋劉義慶《宣驗記》，齊王琰《冥祥記》，隋顏之推《集靈記》，侯白《旌異記》四種，大抵記經像之顯效，明應驗之實有，以震聳世俗，使生敬信之心，顧後世則或視爲小說。
> 〔註37〕

魏晉南北朝時期的釋氏輔教之書除《冥祥記》、《冤魂志》保留尚多外，其他大多亡佚，見於史志著錄和諸書稱引者有以下幾種：〔註38〕

	書　　　名	朝　代	作　者
1	《觀世音應驗記》	晉	謝　敷
2	《徵應傳》	宋	朱君臺
3	《觀世音應驗記》	宋	傅　亮
4	《續觀世音應驗記》	宋	張　演
5	《宣驗記》	宋	劉義慶
6	《感應傳》	宋	王延秀
7	《冥祥記》	齊	王　琰
8	《系觀世音應驗記》	齊	陸　杲
9	《冥驗記》	齊	蕭子良
10	《補續冥祥記》	梁	王曼穎
11	《搜神論》	北魏	曇　永
12	《驗善知識傳》	北周	無名氏
13	《冤魂志》	北齊	顏之推

主張，也是可能的。

〔註37〕魯迅：《中國小說史略》，人民文學出版社，1975年版，第39頁。
〔註38〕本表參考了王國良：《〈冥祥記〉研究》上編：壹、引言，文史哲出版社，1999年版。李劍國：《論南北朝的「釋氏輔教之書」》，《天津師大學報》，1985年第3期。

14	《集靈記》	北齊	顏之推
15	《旌異記》	隋	侯　白
16	《舍利感應記》	隋	王　劭
17	《感應傳》	隋	靜　辯
18	《鬼神錄》	隋	彥　琮
19	《觀世音感應傳》	隋	撰人不詳
20	《益部集異記》	隋	撰人不詳
21	《因果記》	年代不明	劉　泳

　　以「記經像之顯效，明應驗之實有」為標準，《洛陽伽藍記》顯然也有濃重的「釋氏輔教之書」色彩。慧皎《高僧傳》卷十四《序錄》云：

　　　　宋臨川康王義慶《宣驗記》及《幽明錄》、大原王琰《冥祥記》、彭城劉俊《益部寺記》、沙門曇宗《京師寺記》、太原王延秀《感應傳》、朱君臺《徵應傳》、陶淵明《搜神錄》，並傍出諸僧，敍其風素。〔註39〕

唐・道世《法苑珠林》卷五云：

　　　　古今善惡禍福徵祥，廣如《宣驗》、《冥祥》、《報應》、《感通》、《冤魂》、《幽明》、《搜神》、《旌異》、《法苑》、《弘明》、《經律異相》、《三寶》、《徵應》、《聖迹》、《歸心》、《西國行傳》、《名僧》、《高僧》、《冥報》、《拾遺》等。卷盈數百，不可備列。傳之典謨，懸諸日月。足使目睹，當猜來惑。〔註40〕

慧皎將《宣驗記》、《幽明錄》、《冥祥記》等志怪之書與《益部寺記》、《京師寺記》並列討論，道世將《宣驗記》等書與《弘明集》、《高僧傳》、《名僧傳》等重要佛典相提並論，可見中古佛教界的普遍觀念：在佛教弘法的大前提下，「釋氏輔教之書」的範圍並不限於宣佛小說，以上文字所涉及的「寺塔記」（《京師寺記》）、「高僧行記」（《西國行傳》）、「高僧傳記」（《高僧傳》）、「佛學論集」（《弘明集》）均可歸入。慧皎生於齊明帝建武四年（497），卒於梁元帝承聖三年（554），與楊衒之處於同一時代。楊氏於東魏武定五年（547）重覽洛陽，有感於故都破敗而作《洛陽伽藍記》，《高僧傳》紀事止於梁天監十

〔註39〕　《高僧傳》，第523～524頁。
〔註40〕　《大正藏》第53冊，第303頁。

八年（519）。〔註41〕《洛陽伽藍記》成書時間晚於《高僧傳》，這是可能後者未提前者的原因。以《洛陽伽藍記》爲代表的「寺塔記」與「釋氏輔教之書」（這裏指狹義的佛教志怪小說，下同）確實有不少相同之處，雖然文學史慣於將《洛陽伽藍記》歸入散文類，釋氏輔教之書歸入志怪小說類，我們也完全有理由參照慧皎、道世的看法，並依據《洛陽伽藍記》自身的特點，將《洛陽伽藍記》與「釋氏輔教之書」做一比較研究。

魏晉南北朝時期佛法大昌，虔誠的佛教信徒除自身信奉之外，也從事教義的宣傳和推廣，上層貴族熱衷於廣建寺廟，結交高僧，下層庶民致力於尊經禮佛，造像祈福。士大夫階層則以其獨特的文化優勢，「深切瞭解鬼神志怪書在普通社會的潛勢力」，〔註42〕致力於佛理的探討與佛教靈異事件的書寫。文學與宗教向來密不可分，但必須指出，我們今天視作文學作品的佛教志怪小說，原是作爲歷史來書寫的。「釋氏輔教之書」尤其強調無徵不信，作者常在故事末尾強調其來源的可靠。傅亮《觀世音應驗記》竇傳條說：「道山後過江，爲謝慶緒具說此事」。徐榮條更是列舉了多位證人：

> （謝）榮後爲會稽府都護，謝慶緒聞其自說如此。與榮同舟者，有沙門支道蘊，謹篤士也，具見其事。後爲余說之，與榮同說。〔註43〕

同樣，張演《續觀世音應驗記·序》云：「即撰所聞，繼其篇末，傳諸同好。」陸杲《系觀世音應驗記·序》也說：「此中詳略，皆即所聞知。」王琰《冥祥記》釋僧瑜條云：

> 吳郡張辯時爲平南長史，親睹其事，具爲傳贊云。〔註44〕

同書王胡遊冥條云：

> 元嘉末，有長安僧釋曇爽來遊江南，具說如此也。」〔註45〕

這種強調徵實的特點與《洛陽伽藍記》的書寫方式是一致的，在《洛陽伽藍記》爲數不多的「衒之按」中，就多次強調了作者的親身見聞。永寧寺條中，

〔註41〕 慧皎自言：「博咨古老，廣訪先達，校其有無，取其同異。始於漢明帝永平十年（76），終於梁天監十八年（519）。」《高僧傳》，第524頁。
〔註42〕 秦孟瀟：《中國小說史初稿》，收於《佛教對中國小說之影響》（上冊），《中國古典小說研究資料彙編》，天一出版社，臺北，1982年版，第50頁。
〔註43〕 董志翹：《〈觀世音應驗記〉三種譯注》，江蘇古籍出版社，2002年版，第22頁。
〔註44〕 《〈冥祥記〉研究》，本書下編爲《冥祥記》輯本，第199頁。
〔註45〕 《〈冥祥記〉研究》，第213頁。

為給讀者永寧寺塔高大雄偉的直觀印象，作者寫道：「衒之嘗與河南尹胡孝世共登之，下臨雲雨，信哉不虛！」明懸尼寺條則以實地考察反駁了劉澄之和戴延之的觀點：

> 穀水周圍繞城，至建春門外，東入陽渠石橋。橋有四柱，在道南，銘云：「漢陽嘉四年將作大匠馬憲造。」逮我孝昌三年大雨頹橋，南柱始埋沒，道北二柱，至今猶存。衒之案，劉澄之《山川古今記》、戴延之《西征記》並云晉太康元年造，此則失之遠矣。按澄之等並生在江表，未遊中土，假因徵役，暫來經過，至於舊事，多非親覽，聞諸道路，便為穿鑿，誤我後學，日月已甚。

正如逯耀東所指出的，魏晉時期的志怪作家往往同時又是「才堪國史」的史學家，如張華、干寶、郭璞、葛洪等。美國學者 Robert Campany 也指出志怪小說作家如劉義慶、任昉、陸杲、劉之遴、殷芸等都曾任秘書監。〔註46〕我們知道，道宣《敘歷代王臣滯惑解》明言楊氏「元魏末為秘書監」。秘書監掌管皇家歷史記錄，其所持著述理念便是徵實。由此可見，無論是志怪小說，還是被譽為「拓跋之別史」的《洛陽伽藍記》，均具有嚴謹徵實的創作態度。雖然後世小說與歷史截然分途，但在魏晉南北朝時期卻是互相滲透的。裴松之作《三國志注》，引用了干寶《搜神記》、葛洪《神仙傳》及《列異》、《陸氏異林》等志異作品。正史如陳壽《三國志》、唐修《晉書》也不乏虛誕怪妄的記載，《晉書》卷一一《苻丕載記》云：

> 徐義為慕容永所獲，械埋其足，將殺之。義誦《觀世音經》，至夜中，土開械脫，於重禁之中若有人導之者，遂奔楊佺期，佺期以為洛陽令。

類似的記載還有不少。〔註47〕正史的寫作態度自然無可質疑，但我們也不應否認佛教志怪也具有嚴肅的創作態度，〔註48〕類似頌念觀音得以脫難在志怪

〔註46〕 Robert Ford Campany,「*Strange Writing: Anomaly Accounts in Early Medieval China.*」State University of New York press, 1996. pp.177~178。轉引自《魏晉南北朝文學論集》，南京大學出版社，1997 年版，第 778 頁。

〔註47〕 參周一良：《魏晉南北朝史札記》「觀世音經」條，中華書局，1985 年版，第 114～115 頁。

〔註48〕 參逯耀東：《志異小說與魏晉史學》，《魏晉史學的社會基礎》，中華書局，2006 年版。曹道衡：《論王琰和他的〈冥祥記〉》（《文學遺產》，1992 年第 1 期）也指出《冥祥記》記事與當時歷史事件頗多吻合。石昌渝也指出：「魏晉南北朝的志怪小說和志人小說，並不是文學意義的小說，他們只是文學意義的小說

中非常常見（詳下文）。曹丕在《與王朗書》中說：「唯立德揚名，可以不朽，其次莫如著篇籍。」筆者認爲，當時士大夫無論創作正史或記錄野史逸聞，均是以著之篇籍，傳之後世的「立言」的態度進行的。所以楊衒之在《序》中的夫子自道：「余才非著述，多有遺漏，後之君子，詳其闕焉。」實表明他對於本書的自信和自我期許。

《洛陽伽藍記》在內容上也與釋氏輔教之書有很多相似之處。崇眞寺條的冥府遊記，宣忠寺條的元徽冤魂報仇，開善寺條的佛像顯靈，均可在佛教志怪中找到類似文本。我們以佛像顯靈故事爲討論重點。佛像顯靈是佛教志怪的常見母題，此類母題一般有兩種模式，第一種是盛行於南朝的觀音靈驗故事，常見敘事結構是「遭遇危險——誦念觀世音——脫離險境」。《冥祥記》張崇條云：

> 晉張崇，京兆杜陵人也。少奉法。晉太元中，符堅既敗，長安百姓有千餘家，南走歸晉。爲鎭戍所拘，謂爲遊寇，殺其男丁，虜其子女。崇與同等五人，手腳杻械。衙身掘坑，埋築至腰，各相去二十步。明日將馳馬射之，以爲娛樂。崇慮望窮盡，唯潔心專念觀世音。夜中，械忽自破，土得離身！因是便走，遂得免脱。〔註49〕

另一種故事模式是主人公因有輕慢佛教的言行而招致懲罰，後經悔悟而中止處罰。《宣驗記》史雋條云：

> 史雋有學識，奉道而慢佛。常語人云：「佛是小神，不足事也。」每見尊像，恒輕誚之。後因病腳攣，種種祈福，都無效驗。其友人趙文謂曰：「經道福中第一。可試造觀音像。」雋以病急，如言鑄像。像成，夢觀音，果得差。〔註50〕

向以取材嚴謹著稱的《高僧傳》也有類似記載，卷一《康僧會傳》云：

> 皓雖聞正法，而昏暴之性不勝其虐，後使宿衛兵入後宮治園，於地得一金像，高數尺呈皓，皓使著不淨處，以穢汁灌之，共諸臣笑以爲樂。俄爾之間，舉身大腫，陰處尤痛，叫呼徹天。……遣使至寺，問訊道人。請會說法，會即隨入。皓具問罪福之由，會爲敷析，辭

的胚胎形態，他們是屬於子部或史部的一類文體。」《中國小說源流論》，三聯書店，1993年版，第7頁。

〔註49〕 《〈冥祥記〉研究》，第130頁。

〔註50〕 魯迅輯：《古小說鉤沉》，《魯迅全集》第八卷，人民文學出版社，1973年版，第552頁。

甚精要。〔註51〕

《洛陽伽藍記》開善寺條載：

> 南陽人侯慶有銅像一軀，可高丈餘。慶有牛一頭，擬貨爲金色，遇
> 急事，遂以牛他用之。經二年，慶妻馬氏忽夢此像謂之曰：「卿夫婦
> 負我金色久而不償，今取卿兒醜多以償金色焉。」馬氏悟覺，心不
> 遑安。至曉，醜多得病而亡。慶年五十，唯有一子，悲哀之聲，感
> 於行路。醜多亡日，像自然金色，光照四鄰。一里之內，咸聞香氣。
> 僧俗長幼，皆來觀？。尚書右僕射元籍聞里內頻有怪異，遂改阜財里
> 爲齊諧里也。

相比之下，《宣驗記》與《高僧傳》的故事更爲類似，開善寺條則比二者更不
近人情。史雋出言輕慢，孫皓褻瀆佛像，均有過錯在先，其遇懲戒理所當然，
懲戒的方式也僅限於肉體有驚無險的苦痛。而侯慶平時奉佛，僅因急事而未
兌現諾言，卻遭遇亡子之痛，且連補救的機會也沒有。由此可見，開善寺條
確有獨特之處。正如李劍國先生指出的，「釋氏輔教之書」因其先天的主題先
行缺陷，比較容易陷入僵化：

> 《宣驗記》故事一般不大生動，少有情味，遠不及《幽明錄》。釋氏
> 輔教之作，大率如此。〔註52〕

今存篇幅較多的《冥祥記》、《冤魂志》等輔教之書，都有類似缺點。這種主
題先行的特點也體現在《高僧傳》上，《高僧傳》有不少高僧弘法起信的故事，
不僅方式可被歸納爲有限的幾種，且均能達到「望風成化」、「道俗歸依」的
結果。〔註53〕生動性難免打了折扣。這也許是《法苑珠林》將《高僧傳》與
《宣驗記》等書放在一起的原因之一。《洛陽伽藍記》爲漸趨模式化的「釋氏
輔教之書」提供了頗爲另類的敘事因子，打破寫作定勢，巧妙轉換重心，足
見構撰之精心。

三、故國之思與宗教情感

　　《洛陽伽藍記》與「釋氏輔教之書」比較所顯現的共性和個性，說明了
楊衒之獨特的佛教理念。作爲一部通過記敘寺廟來表達故國之思的歷史作

〔註51〕《高僧傳》，第 17 頁。

〔註52〕李劍國：《唐前志怪小說史》，南開大學出版社，1984 年版，第 372 頁。

〔註53〕參孔祥軍：《〈高僧傳〉弘法起信考》相關統計，《南京曉莊學院學報》，2005
　　　　年第 3 期。

品，楊氏之於佛教，並不僅限於對佛教義理的接受或靈異的宣揚。實際上，他對佛教複雜的情感，是與其麥秀之感，黍離之悲緊密結合的。

佛教是北魏的國教，其榮辱興衰與北魏國祚密切相關，佛教的興衰是故國興衰的象徵，這在《序》中交代得很明確：

> 逮皇魏受圖，光宅嵩洛，篤信彌繁，法教愈盛。王侯貴臣，棄象馬如脫屣，庶士豪家，捨資財若遺迹。於是招提櫛比，寶塔駢羅，爭寫天上之姿，競摹山中之影；金剎與靈臺比高，廣殿共阿房等壯。豈直木衣綈繡，土被朱紫而已哉！

而經歷了北魏末年頻繁的戰亂與政治變遷後，洛陽卻成了另一番景象：

> 暨永熙多難，皇輿遷鄴，諸寺僧尼，亦與時徙。至武定五年，歲在丁卯，余因行役，重覽洛陽。城郭崩毀，宮室傾覆，寺觀灰燼，廟塔丘墟。牆被蒿艾，巷羅荊棘。野獸穴於荒階，山鳥巢於庭樹。遊兒牧豎，躑躅於九逵；農夫耕老，藝黍於雙闕。麥秀之感，非獨殷墟；黍離之悲，信哉周室！

在武定五年（547）楊衒之重覽洛陽之前的十年，洛陽先後經歷了兩次重要戰爭。一是天平四年（537）西魏進攻洛陽，被東魏打敗後，又派獨孤信攻入洛陽金墉城。次年，東魏大將侯景、高敖曹圍攻金墉城，侯景放火焚燒了洛陽城。二是武定元年（543），東魏和北周在洛陽北邙山展開激戰，東魏最後取得勝利。但楊衒之在書中並未提到兩次戰爭，即便是直接導致洛陽殘破的侯景燒城。我們注意到，無論對洛陽的繁華或破敗，作者都只在敘述一種結果，而寺觀則是興衰的晴雨錶。

楊衒之為《洛陽伽藍記》所作的自《序》，是研究本書的一把鑰匙。從內容到情感基調，都在《序》中有明確交代。我們發現，作者儘管在記錄關地理空間時保持一種客觀的敘述筆調，但在撫今追昔時經常流露出故國哀思。開善寺條寫到太后令百官任力取絹，曾自豪地說：「于時國家殷富，庫藏盈溢，錢絹露積於廊者，不可較數。」陳留侯李崇負絹過任，蹶倒傷踝，頗見太平盛世的閑情雅趣，緊接著就寫到了河陰之變：

> 經河陰之役，諸元殲盡，王侯第宅，多題為寺。壽丘里閭，列剎相望，祇洹鬱起，寶塔高凌。四月初八日，京師士女多至河間寺。觀其廊廡綺麗，無不歎息，以為蓬萊儻室亦不是過。入其後園，見溝瀆蹇產，石磴嶕嶢，朱荷出池，綠萍浮水，飛梁跨閣，高樹出雲，

咸皆唧唧，雖梁王兔苑想之不如也。

楊衒之在廢墟上游覽故都，其筆下壯觀華麗的伽藍，實際上是記憶中的幻境。不過本條所寫卻是眼前之景。劫後遺存的河間寺，雖然依舊富麗秀美，但京師士女的歎息卻提醒我們，當年的梁王兔苑、金谷雅集早已不復存在，筆底隱隱傳達出一種痛惜、無奈之情。同時，楊氏在書中提及國之衰亡，也每每與佛教靈徵聯繫在一起，平等寺條云：

> 寺門外有金像一軀，高二丈八尺，相好端嚴，常有神驗。國之吉凶，先炳祥異。孝昌三年十二月中，此像面有悲容，兩目垂淚，遍體皆濕，時人號曰佛汗。京師士女空市里往而觀之。有一比丘，以淨綿拭其淚，須臾之間，綿濕都盡。更換以它綿，俄然復濕。如此三日乃止。明年四月尒朱榮入洛陽，誅戮百官，死亡塗地。永安二年三月，此像復汗，士庶復往觀之。五月，北海王入洛，莊帝北巡。七月，北海王大敗，所將江淮子弟五千，盡被俘虜，無一得還。永安三年七月，此像悲泣如初。每經神驗，朝野惶懼，禁人不聽觀之。至十二月，尒朱兆入洛陽，擒莊帝，帝崩於晉陽。在京宮殿空虛，百日無主。

一般的「釋氏輔教之書」中，佛像是超越於俗世的主宰。在楊衒之筆下居然「面有悲容，兩目垂淚」，具有了人格化的情感，彷彿成了北魏子民。這類文字已將國家命運與宗教情感融爲一體，筆調低回哀婉，悲愴之情躍然紙上。此外如永寧寺條寫三比丘赴火而死，浮屠佛光隱於海；景寧寺條敘及金象生毛，次年廣陵王被廢死；永明寺條寫佛像每繞坐夜行，忽然自去，莫知所之，其年多京師遷鄴。皆飽含家國深情，非純粹的宗教觀念可以涵攝。《洛陽伽藍記》的這種特點，也使楊衒之的宗教情感顯得更爲具體而獨特。因此我們也不難理解，這種由家國之情而產生的佛教認同，會在描繪永寧寺塔之雄壯而自豪的同時，也爲胡太后過度營建而擔憂。《廣弘明集》所錄其批評教徒猥濫的奏摺，也應從這個角度理解。

綜上所述，筆者認爲楊衒之並不反佛，且其於佛教的態度，是與家國之情渾然一體的。我們從《景德傳燈錄》虛構的楊氏向達摩問禪的故事中，也可看出其在後世佛教徒心中所具有的親和力。這一切，都來自《洛陽伽藍記》字裏行間流露出的獨特宗教情感。

第三章 《洛陽伽藍記》的史學價值

　　《洛陽伽藍記》作爲一部北魏末年的實錄，具有很高的史學價值。最早著錄此書的是隋代費長房所撰佛教經錄《歷代三寶記》。不過，自《隋書·經籍志》將此書列於「史部地理類」以來，歷代公私目錄如《宋史·藝文志》、《郡齋讀書志》、《文獻通考·經籍考》、《百川書志》、《四庫全書總目》等均承襲《隋志》。可見目錄學者多認定《洛陽伽藍記》是一部地志。實際上本書所涉內容遠遠超出了地理的範圍，如果說佛教特徵更多地體現在本書的記敘對象上，那麼史學意識則與本書的寫作理念密切相關。本章將圍繞《洛陽伽藍記》的史學成就展開探討。

第一節　拓跋之別史

一、信史性質

　　清吳若準《洛陽伽藍記集證·序》對《洛陽伽藍記》的史學價值作了很高的評價：

> 撫軍府司馬楊衒之慨念故都，傷心禾黍，假佛寺之名，志帝京之事。
> 凡夫朝家變亂之端，宗藩廢立之由，藝文古迹之所關，苑囿橋梁之
> 所在，以及民間怪異、外夷風土、莫不鉅細畢陳，本末可觀，足以
> 補魏收所未備，爲拓跋之別史。〔註1〕

吳氏所言之「拓跋之別史」並非虛譽，其中關鍵在「假佛寺之名，志帝京之事」，佛教在北魏社會的特殊地位，爲這部寺塔記將敘述觸角伸向社會各領域

〔註1〕　張宗祥：《景洛陽伽藍記合校稿本》「序跋」，第5頁。

提供了可能。而楊衒之本人的歷史意識，則是本書能超越寺塔記的藩籬，躋身中古經典史籍的關鍵因素。《洛陽伽藍記》保留北魏佛教史料自不待言，其對史書記事也常能起訂補作用。楊衒之在《序》中明言「恐後世無傳，故撰斯記」。楊氏在元魏末曾任秘書監，對編纂國史並不陌生。書中經常流露出史家習慣，如昭儀尼寺條云：

> 昭儀寺有池，京師學徒謂之翟泉也。衒之按，杜預注《春秋》云翟泉在晉太倉西南。按晉太倉在建春門內，今太倉在東陽門內，此地今在太倉西南，明非翟泉也。

可見楊氏熟讀史書，遇到歧異的說法，喜歡通過實地考察辨別正誤。不僅如此，楊氏似乎對有關漢代史籍尤為熟悉，景明寺條云：

> 詔以光祿大夫歸養私庭，所在之處，給事力五人，歲一朝，以備顧問。王侯祖道，若漢朝之送二疏。

法雲寺條云：

> 市南有皇女臺，漢大將軍梁冀所造，猶高五丈餘。景明中比丘道恒立靈仙寺於其上。臺西有河陽縣，臺東有侍中侯剛宅。市西北有土山魚池，亦冀之所造。即《漢書》所謂：「採土築山，十里九阪，以象二崤」者。

從書中也可看出楊氏對漢代洛陽地理尤為熟悉，楊氏在《序》中對城門之名多追溯至漢代。書中也多次提及漢代地名，如崇虛寺條：「崇虛寺，在城西，即漢之濯龍園也」，景林寺條：「華林園中有大海，即漢天淵池」等。《序》中所說的「余才非著述，多有遺漏，後之君子，詳其闕焉」，可看作是他的謙虛之辭，他實以國史自任，本書所錄也堪稱信史。

作為一部實錄，本書可與考古發掘相印證。建國後的考古發現證實，《洛陽伽藍記》所載的城門位置、城郭長度、坊里數量都是可信的。中科院考古所洛陽工作隊考察了永寧寺遺址，測量出塔基東西約 101、南北約 98 米，並指出：「從今殘存遺迹，說明這座九層樓閣式佛塔，確係毀於烈火。」〔註2〕證實了《洛陽伽藍記》所載永熙三年「浮圖為火所燒」之說。

《洛陽伽藍記》的可靠性，還體現在能與其他史料相印證。周一良先生

〔註2〕 《漢魏洛陽城初步勘查》，《考古》，1973 年第 4 期。另外，何炳棣：《北魏洛陽城郭規劃》（《慶祝李濟先生七十歲論文集》上冊，臺北：清華學報社，1965年），周祖謨、范祥雍、楊勇均依據本書繪製出北魏洛陽城圖。

《洛陽伽藍記的幾條補注》指出：

> 卷一修梵寺條，「寺北有永和里，……里中有太傅錄尚書事長孫
> 稚……等六宅。」據北魏長孫稚的四子長孫士亮之妻宋靈妃墓誌（趙
> 萬里先生《漢魏南北朝墓誌集釋》十一），稱「永興二年正月十四日
> 終於洛陽永和里第」，可相參證。卷三「宣陽門外四里，至洛水上，
> 作浮橋，所謂永橋也。……永橋以南，圜丘以北，伊洛之間，夾御
> 道，東有四夷館，……道西有四夷里，一曰歸正，二曰歸德，三曰
> 慕化，四曰慕義。」據北魏鄯乾墓誌（趙氏《集釋》五），鄯乾是「鄯
> 善王臨澤懷侯視之長子。考以去眞君六年歸國。自祖而上，世君西
> 夏。」鄯善王投歸北魏在遷洛以前，而鄯乾之死則在永平五年即延
> 昌元年，已是遷洛之後。墓誌稱鄯乾爲「同州河南洛陽洛濱里人也」，
> 這個洛濱里當即洛水南岸四夷里一帶之地。鄯乾的族姓家世，正與
> 《伽藍記》所述歸化的異族居住在城南永橋以南之地相符合。……
> 墓誌所記，和楊衒之的敘述相一致，證明《洛陽伽藍記》這部書的
> 可靠性。〔註3〕

《洛陽伽藍記》不僅可與墓誌印證，其敘事還可與史書相表裏。關於蠕蠕阿
那瓌投歸北魏事，《魏書·蠕蠕傳》云：

> 正光初，……九月，阿那瓌將至，肅宗遣兼侍中陸希道爲使主，兼
> 散騎常侍孟威爲使副，迎勞近畿，使司空公、京兆王繼至北中，侍
> 中崔光、黃門郎元纂在近郊，並申宴勞，引至門闕下。

《魏書·常景傳》云：

> 是年九月，蠕蠕主阿那瓌歸闕，朝廷疑其位次。高陽王雍訪景，景
> 曰：「昔咸寧中，南單于來朝，晉世處之王公、特進之下。今日爲班，
> 宜在蕃王、儀同三司之間。」雍從之。

《洛陽伽藍記》龍華寺條云：

> 正光元年，蠕蠕主郁久閭阿那肱來朝，執事者莫知所處。中書舍人
> 常景議云：「咸寧中，單于來朝，晉世處之王公特進之下，可班郍肱
> 蕃王儀同之間。」朝廷從其議。又處之燕然館，賜宅歸德里。

「郁久閭」是阿那瓌的姓氏，「郍」即「那」的別體，阿那肱即阿那瓌〔註4〕。

〔註3〕 周一良：《魏晉南北朝史論集續編》，北京大學出版社，1991年版，第169頁。
〔註4〕 周祖謨：《洛陽伽藍記校釋》，第131頁。

《洛陽伽藍記》的記載與《魏書》完全吻合，且交代了阿那瓌賜宅歸德里的信息，可補《魏書》之闕。

《魏書・靈徵志》金沴條云：

> 永安、普泰、永熙中，京師平等寺定光金像每流汗，國有事變，時咸畏異之。

《洛陽伽藍記》平等寺條中，詳細記敘了三次佛像垂淚分別預示國之變故，可視作金沴條的注腳。永寧寺條敘述浮圖爲火所燒，未幾京師遷鄴，《魏書・靈徵志》中也有類似說法：

> 出帝永熙三年二月，永寧寺九層佛圖災。既而時人咸言，有人見佛圖飛入東海中。永寧佛圖，靈像所在，天意若曰：永寧見災，魏不寧矣。

秦太上公寺條云：

> 孝昌初，妖賊四侵，州郡失據。朝廷設募徵格於堂之北。

據《魏書・肅宗紀》，孝昌元年先後有徐州刺史元法僧反，齊州郡民房伯和反，齊州清河民崔畜反，廣川民傅堆反，柔玄鎮杜洛周反，山胡劉蠡升反。孝昌二年有五原降戶鮮于修禮反，敕勒斛律洛陽反，朔州鮮于阿胡、庫狄豐樂反，絳蜀陳雙熾反，九月，葛榮自稱天子，號曰齊國，年稱廣安。同卷記孝昌元年十二月壬午詔書曰：

> 其有失律亡軍、兵戍逃叛、盜賊劫掠、伏竄山澤者，免其往咎，錄其後效，別立募格，聽其自新，廣下州郡，令赴軍所。

《北史》卷五、《資治通鑑》卷一百五十九均提到設募格事，《洛陽伽藍記》不僅可與之印證，且交代了設置地點。

《洛陽伽藍記》的信史性質，還有助於出土文獻的釋讀。武漢大學朱雷教授《敦煌藏經洞所出兩種麴氏高昌人寫經題記跋》[註5]一文中提到，1963年他曾校讀劉銘恕《斯坦因劫經錄》，對英藏敦煌卷子 S.0524《勝鬘經疏》尾端題記的釋讀存有疑問，劉銘恕先生的錄文是：

> 延昌四年五月二十三日於京承明寺寫勝鬘經疏一部高昌客道人得受所供養許。

朱文指出：「微縮膠捲『明寺』前一雖有模糊之處，卻又不似一『承』字，復

〔註 5〕 《魏晉南北朝隋唐史資料》第 9、10 期，武漢大學歷史系魏晉南北朝研究室編，武漢大學學報編輯部出版，1988 年 12 月，第 19～20 頁。

因讀研究生時期，唐師（指唐長孺先生——引者）指示讀《洛陽伽藍記》，有所收穫，故更疑此字非為『承』字，而有可能是『永』字。」不過藤枝晃、姜亮夫二位先生均釋為「承」，至 1987 年社科院歷史所張弓教授赴英查閱敦煌文書原件，方確認原書作「永」。朱氏的懷疑緣於《洛陽伽藍記》所記永明寺為外國僧人集中之地，永明寺條原文如下：

> 永明寺，宣武皇帝所立也，在大覺寺東。時佛法經像盛於洛陽，異
> 國沙門，咸來輻輳，負錫持經，適茲樂土。世宗故立此寺以憩之。
> 房廡連亙，一千餘間。庭列修竹，簷拂高松，奇花異草，駢闐階砌。
> 百國沙門，三千餘人。西域遠者，乃至大秦國。

S.0524 題記中的高昌僧人得受，當為永明寺條所言遠來中土求經之西域沙門。北魏自孝文帝遷洛以來，諸代帝王篤好佛理，「異國沙門，咸來輻輳」，使洛陽逐步成為區域佛教中心。世宗元恪為方便求法僧人，也可能為了便於管理，特立永明寺供養之。《資治通鑒》卷一四七武帝天監八年云：「時佛教盛於洛陽，中國沙門之外，自西域來者三千餘人，魏主別為之立永明寺千餘間以處之。」這條材料即本於《洛陽伽藍記》。S.0524 題記印證了永明寺在洛陽寺廟中的獨特地位。〔註6〕

二、生動的社會生活畫卷

　　《洛陽伽藍記》雖以記伽藍興廢為中心，但並不限於寺廟，而是以記寺廟為契機，廣泛涉及元魏社會的各個方面。上至皇室宗親，下至普通百姓，舉凡宗教、經濟、文化、藝術、建築、園林、風俗都在採錄範圍，精心刻畫了一幅生動的北魏生活畫卷。

　　書中對北魏佛教風俗的記載頗可注意。據《魏書・釋老志》載，神龜元年（518），洛陽的寺廟數為五百，到北魏末年洛陽寺廟數達到一千三百六十七所（《洛陽伽藍記》卷五）。釋風昌熾的突出表現之一便是寫經造像的盛行，崇真寺條道弘、寶真在回答閻羅王時即以造作經像為自己辯護。開善寺條云：

> 南陽人侯慶有銅像一軀，可高丈餘。慶有牛一頭，擬貨為金色，遇
> 急事，遂以牛他用之。經二年，慶妻馬氏忽夢此像謂之曰：「卿夫婦

〔註 6〕　郝春文：《英藏敦煌社會歷史文獻釋錄》第 3 卷，S.0524 條亦從「永」，社會科學文獻出版社，2003 年版，第 4 頁。

> 負我金色久而不償，今取卿兒醜多以償金色焉。」馬氏悟覺，心不
> 遑安。至曉，醜多得病而亡。慶年五十，唯有一子，悲哀之聲，感
> 於行路。醜多亡日，像自然金色，光照四鄰。一里之內，咸聞香氣。
> 僧俗長幼，皆來觀覩。

可見當時平民慣將富餘資財用以造像，以求得佛祖庇祐。據侯旭東先生不
完全統計，現存北朝造像至少有 1800 種左右。〔註7〕北朝造像記所反映的民
眾佛教信仰問題，學界已有不少研究，〔註8〕試以《尼法慶造像》為例，其銘
文曰：

> 願使來世託生西方妙樂國土，下生人間公王長者，遠離煩惱。又願
> 己身□□□與彌勒俱生蓮花樹下，三會說法，一切眾生遠離三途。
>
> 〔註9〕

《洛陽伽藍記》雖未具體記錄造像記，但其記莊帝臨終遺言頗與之類似，永
寧寺條云：

> （尒朱兆）囚帝還晉陽，縊於三級寺。帝臨崩禮佛，願不為國王。
> 又作五言曰：「權去生道促，憂來死路長。懷恨出國門，含悲入鬼
> 鄉。隧門一時閉，幽庭豈復光？思鳥吟青松，哀風吹白楊。昔來聞
> 死苦，何言身自當！」

在佛教傳入中國前，儒家思想對現世之外的世界關注甚少，道家追求的長生
與成仙，實際上著意於現世生命的延長。印度佛教的傳入，使得人們逐漸接
受輪迴再生觀念，並開始關注來世的幸福。莊帝臨終祈告，願來世不為國王，
與當時的造像風氣是一致的，其區別僅在於形式。

　　眾所周知，以二十四史為代表的正史記錄重點在政治史。近代以來，史
學研究逐漸拓寬至社會各個領域。相應的，正史之外的野史、筆記、石刻、
寫卷就成為重要的信息載體，這些史料往往能更具體而詳實地反映社會生
活。以佛誕日，即四月八日釋迦牟尼生日為例，這一天是北魏民眾日常生活

〔註7〕 侯旭東：《五、六世紀北方民眾佛教信仰》，第23頁。

〔註8〕 相關研究見侯旭東前揭書；劉淑芬：《五至六世紀華北鄉村的佛教信仰》，《歷
史語言研究所集刊》第63本第3分；李玉昆：《從龍門造像銘看北朝的佛教》，
《世界宗教研究》，1984年第2期；盧建榮：《從造像銘記論五六世紀北朝鄉
民社會意識》，《歷史學報》第23期，1995年8月；佐藤智水：《北朝造像銘
考》，《史學雜誌》第86編第10號，又收入《日本中青年學者論中國史・六
朝隋唐卷》，上海古籍出版社，1995年版。

〔註9〕 轉引自侯旭東：《五、六世紀北方民眾佛教信仰》，第183頁。

的重要日子。《魏書・釋老志》云：

> 世祖初即位，亦遵太祖、太宗之業，每引高德沙門，與其談論。於
> 四月八日，輿諸佛像，行於廣衢，帝親御門樓，臨觀散花，以致禮
> 敬。

《洛陽伽藍記》的記載要具體得多，景明寺條云：

> 時世好崇福，四月七日京師諸像皆來此寺，尚書祠曹錄像凡有一千
> 餘軀。至八日，以次入宣陽門，向閶闔宮前受皇帝散花。於時金花
> 映日，寶蓋浮雲，幡幢若林，香煙似霧。梵樂法音，聒動天地。百
> 戲騰驤，所在駢比。名僧德眾，負錫爲群，信徒法侶，持花成藪。
> 車騎填咽，繁衍相傾。時有西域胡沙門見此，唱言佛國。

長秋寺有一尊六牙白象負釋迦牟尼像，皆用金玉製成，作工精妙，此像出巡時場面極爲壯觀：

> 四月四日此像常出，辟邪師子導引其前。吞刀吐火，騰驤一面；彩
> 幢上索，詭譎不常。奇伎異服，冠於都市。像停之處，觀者如堵。
> 疊相踐躍，常有死人。

宗聖寺條所記佛像出行也是熱鬧非凡：

> 有像一軀，舉高三丈八尺，端嚴殊特，相好畢備，士庶瞻仰，目不
> 暫瞬。此像一出，市井皆空，炎光輝赫，獨絕世表。妙伎雜樂，亞
> 於劉騰。城東士女，多來此寺觀看也。

如果僅據《釋老志》，佛誕日似乎只有帝王和高僧的活動，普通僧徒和民眾在記錄中是闕失的。實際上，後者才是節日的參與主體。《洛陽伽藍記》保留了更爲詳細的記錄，景明寺條總寫行像的過程、場面和各色人等的表現，長秋寺條、宗聖寺條具體記錄各寺佛像的出行盛況。佛像固然是節日的焦點，不過從楊衒之的記載來看，「妙伎雜樂」，「百戲騰驤」的表演也佔有重要地位，佛誕日實際上類似於一個融合宗教與世俗的狂歡節。值得一提的是節日中充滿異域色彩的百戲表演，即便是平時，也經常在寺廟上演，景樂寺條云：

> 召諸音樂，逞伎寺內。奇禽怪獸，舞抃殿庭。飛空幻惑，世所未睹。
> 異端奇術，總萃其中。剝驢投井，植棗種瓜，須臾之間，皆得食之。
> 士女觀者，目亂精迷。

「剝驢投井」是指肢解驢馬之術，《後漢書・西南夷傳》云：「永寧元年，撣

國王雍由調復遣使者詣闕朝賀,獻樂及幻人,能變化吐火,自支解,易牛馬頭。」「植棗種瓜」是指一種即種即食的魔術,《法苑珠林》卷六十一引孔煒《七引》曰:「弄幻之士,因時而作,殖瓜種菜,立起尋尺。投芳送臭,賣黃售白。麾天興雲霧,畫地成河海」。《隋書‧音樂志》對於「百戲」的種類作了以下列舉:

> 始齊武平中,有魚龍爛漫、俳優、朱儒、山車、巨象、拔井、種瓜、
> 殺馬、剝驢等,奇怪異端,百有餘物,名爲百戲。……及大業二年,
> 突厥染幹來朝,煬帝欲誇之,總追四方散樂,大集東都。

西域是聞名遐爾的歌舞之鄉,傳自西域的百戲已經成爲中古時期國家藝術活動的重要內容。通過《洛陽伽藍記》佛誕日的記載,可知百戲的傳播最初與宗教活動密切相關。周勳初先生在談到《酉陽雜俎》中的兩卷《寺塔記》時也強調「唐代的寺院實爲上至貴族下至平民時常前往的一種娛樂場所」。〔註10〕可見寺廟親近世俗娛樂的傳統在唐代依然盛行。

三、青齊士風

魏晉南北朝時期的私家著作,除能補正史之不足外,其記事常能反映當時社會的某些習俗風尚。唐長孺先生《讀〈顏氏家訓‧後娶篇〉論南北士庶身份的差異》、《讀〈抱朴子〉推論南北學風的異同》是這方面研究的典範之作。〔註11〕《洛陽伽藍記》卷二秦太上君寺條也有類似記錄值得深入探討:

> 太傅李延實者,莊帝舅也。永安年中除青州刺史,臨去奉辭。帝謂
> 實曰:「懷磚之俗,世號難治;舅宜好用心,副朝廷所委。」實答曰:
> 「臣年迫桑榆,氣同朝露,人間稍遠,日近松丘。臣已久乞閒退,
> 陛下渭陽興念,寵及老臣,使夜行罪人,裁錦萬里,謹奉明敕,不
> 敢失墜。」時黃門侍郎楊寬在帝側,不曉懷磚之義,私問舍人溫子
> 昇。子昇曰:「聞至尊兄彭城王作青州刺史,問其賓客從至青州者云:
> 『齊土之民,風俗淺薄,虛論高談,專在榮利。太守初欲入境,皆
> 懷磚叩首,以美其意。及其代下還家,以磚擊之。』言其向背速於

〔註10〕 周勳初:《談筆記在唐代文史研究中的重要性》,《六朝隋唐學術研討會論文
集》,逢甲大學中國文學系主編,文史哲出版社,2004 年版,第 135 頁。

〔註11〕 前文刊《歷史研究》,1994 年第 1 期;後文收於《魏晉南北朝史論叢續編》,
三聯書店,1959 年版。

　　反掌。是以京師謠語云：『獄中無繫囚，舍內無青州，假令家道惡，腹中不懷愁。』懷磚之義起在於此也。」

　　穎川荀濟，風流名士，高鑒妙識，獨出當世。清河崔叔仁稱齊士大夫，濟曰：「齊人外矯仁義，內懷鄙吝，輕同羽毛，利等錐刀。好馳虛譽，阿附成名，威勢所在，側肩競入，求其榮利，甜然濃洬，譬於四方，慕勢最甚。」號齊士子爲慕勢諸郎。臨淄官徒佈在京邑，聞懷磚慕勢，咸共恥之，唯崔孝忠一人不以爲意。問其故，孝忠曰：「營丘風俗，太公餘化；稷下儒林，禮義所出。今雖淩遲，足爲天下模楷。荀濟人非許、郭，不識東家，雖復莠言自口，未宜榮辱也。」

這段文字中，李延實僅在前文介紹暉文里四宅時被提及，楊氏卻從其與莊帝的對話寫起，洋洋灑灑記敘了近五百字，可見作者有意保留這段典故。第一段主要講青齊之民多變詐，第二段是講青齊之士貪榮慕利。目前學界對青齊豪族及青齊風俗已有探討，〔註12〕特別是魏斌先生《北魏末年的青齊士風》一文，以豐富的史料對《洛陽伽藍記》這段文字作出解釋。不過筆者要指出的是，變詐慕利只是青齊民風的一方面，《史記·齊太公世家》云：

　　太史公曰：吾適齊，自泰山屬之琅邪，北被於海，膏壤二千里，其民闊達多匿知，其天性也。以太公之聖，建國本；桓公之盛，修善政，以爲諸侯會盟，稱伯，不亦宜乎？洋洋哉，固大國之風也！

《漢書·地理志》云：

　　初太公治齊，修道術，尊賢智，賞有功，故至今其土多好經術，矜功名，舒緩闊達而足智。其失誇奢朋黨，言與行繆，虛詐不情，師古曰：「不可得其情。」急之則離散，緩之則放縱。

《史記》、《漢書》和崔孝忠都不約而同提到太公姜子牙治齊，開啓齊地民智。齊民「舒緩闊達而足智」，齊魯地區也是公認的禮義之邦。不可否認，民智開

〔註12〕參唐長孺：《北魏的青齊土民》，《魏晉南北朝史論拾遺》，中華書局，1983年版；楊洪權：《關於北魏青齊土民的幾問題》，《魏晉南北朝隋唐史資料》第16輯，武漢大學出版社，1998年版；魏斌：《北魏末年的青齊士風》，《魏晉南北朝隋唐史資料》第22輯，武漢大學文科學報編輯部，2005年版；羅新：《青徐豪族與宋齊政治》，《原學》第一輯，中國廣播電視出版社，1994年版；韓樹峰：《青齊豪族在南北朝的變遷》，《國學研究》第五卷，北京大學出版社，1998年。

啓的另一面便是齊人好使詐術，司馬遷在《三王世家》中也承認「齊地多變詐，不習於禮義」。足智與變詐的不同，源於評價立場的差異。如齊人鄒陽就被《漢書》評爲「爲人有智略，慷慨不苟合」。漢晉之際青齊地區出了不少才德俱佳的名士，如鄭玄、國淵、邴原、王修、管寧等，當然也不乏將智術用於權變者。一個地區的文化常具多面性，僅以一端定性，難免陷於偏頗。劉躍進先生《釋「齊氣」》一文，從《典論・論文》「徐干時有齊氣」入手，全面分析了齊地風俗的特點，認爲齊土之民舒緩闊達、好智辯，齊學有不主故常，重貫通的特點。此外，齊人富於幻想，齊地是黃老之術的發源地，道家文化發達，讖緯之風也是由齊地蔓延全國。〔註13〕

但爲什麼《洛陽伽藍記》特別強調青齊之變詐呢？這應結合當時的歷史背景來考察。青齊地區自十六國時期以來經歷了石趙、前燕、後燕、南燕、劉宋、北魏的統治，唐長孺先生指出，慕容德佔據青齊建立南燕政權時，一批河北豪強隨同南渡，他們是慕容德的重要依靠力量。此後從五世紀至六世紀中葉（398～534），一直是該地區極具影響力的團體，故唐先生稱這股結合了宗族、鄉里力量的河北豪強爲「青齊土民」。他們在南燕滅亡後，逐漸在青齊地區紮根。〔註14〕青齊土民在劉宋滅南燕，北魏攻取青齊，北魏末年各鎮起義等政治變遷中是一支重要力量。東晉義熙六年，劉裕滅南燕，《資治通鑑》卷一百一十五云：

> 裕忿廣固久不下，欲盡坑之，以妻女以賞將士。韓範諫曰：「晉室南遷，中原鼎沸，士民無援，強則附之，既爲君臣，必須爲之盡力。彼皆衣冠舊族，先帝遺民；今王師弔伐而盡坑之，使安所歸乎！竊恐西北之人無復來蘇之望矣。」裕改容謝之，然猶斬王公以下三千人，沒入家口萬餘，夷其城隍，送超詣建康，斬之。

韓範所言「衣冠舊族」，即指依附南燕的青齊豪強，劉裕雖然沒有盡坑之，仍斬殺三千餘人，沉重打擊了青齊豪強。直至泰始之前，青齊豪族仍受到壓制。據韓樹峰統計，劉裕滅南燕後所置青州刺史20人，無一當地豪族。〔註15〕這也爲青齊豪強在劉宋末年皇位之爭中依違兩端埋下伏筆。泰始年間，宋明帝劉彧與晉安王劉子勛爲爭奪帝位展開激鬥，《宋書・崔道固傳》云：

〔註13〕 劉躍進：《釋「齊氣」》，《文獻》，2008 年第 1 期。

〔註14〕 唐長孺：《北魏的青齊土民》。

〔註15〕 韓樹峰：《青齊豪族在南北朝的變遷》。

> 崔道固，清河人也。……景和元年（465），出爲寧朔將軍、冀州刺
> 史，鎮歷城。泰始二年，進號輔國將軍，又進號征虜將軍。時徐州
> 刺史薛安都同逆，上即還道固本號，爲徐州代之。道固不受命，遣
> 子景微、軍主傅靈越率眾赴安都。既而爲土人起義所攻，屢戰失利，
> 閉門自守。會四方平定，上遣使宣慰，道固奉詔歸順。

《魏書・房法壽傳》云：

> 母亡歲餘，遇沈文秀、崔道固起兵應劉子勳。明僧皓、劉乘民起兵
> 應劉彧，攻討文秀。法壽亦與清河太守王玄邈起兵西屯，合討道固。
> 玄邈以法壽爲司馬，累破道固軍，甚爲歷城所憚。

從崔道固的反覆無常可知，青齊豪強對於劉宋政權忠誠度不高，進攻崔道固的所謂「土人」，實際上是另一派青齊豪強。劉宋皇室的內鬥，在青齊地區演化爲豪強間的爭鬥。他們又引北魏勢力進入該地區，魏將慕容白曜進兵青齊，皇興三年（469）北魏佔據青齊，青齊豪族從此處於北魏統治之下。北魏攻佔青州後，爲鞏固政權，消除隱患，擄青齊豪族平民八千餘戶，遷徙到北魏首都平城（今山西大同），稱「平齊戶」。當時，青州東陽城的民戶全部遷走。這些遷走的民戶，待遇也是不同的。最高一等是「客」，其次是一般地主和士族，稱「平齊民」，最底層的是兵士和平民，多被充爲奴婢。這些「平齊戶」的處境是比較淒慘的，他們有的想方設法逃回青州，或者投奔南方政權。〔註16〕

但青齊豪族並沒有一蹶不振，魏孝文帝遷都洛陽，重定姓族，推行漢化。太和年間，「高祖選盡物望，河南人士，才學之徒，咸見申擢」，不僅准許平齊民還鄉、且對才望兼允之人加以陞擢，如房景先、房景伯、房堅、房靈建、劉芳、崔光、崔僧淵、崔亮、崔長文等人均得到提拔。青齊豪族或還居本鄉，或進入朝廷效力，重新獲得士族地位。《魏書・崔僧淵傳》云：

> 僧淵入國，坐兄弟徙於薄骨律鎮，太和初得還。高祖聞其有文學，
> 又問佛經，善談論，敕以白衣賜衲幘，入聽於永樂經武殿。後以僧
> 淵爲尚書儀曹郎。遷洛之後，爲青州中正。尋出爲征東大將軍、廣
> 陵王羽咨議參軍，加顯武將軍，討海戎於黃郭，大破之。

〔註16〕「平齊民」、「平齊户」相關研究參見許福謙：《「平齊民」與「平齊户」試釋》，
《首都師範大學學報》，1982 年第 4 期；邢丙彥：《〈「平齊民」與「平齊户」
試釋〉商榷》，《上海師範大學學報》，1983 年第 4 期；嚴耀中：《平齊民身份
與青齊士族集團》，《上海師範大學學報》，1983 年第 1 期。

儘管如此，在孝文帝統治的延興元年（471）至太和五年（481）之間的十年中，青齊地區仍出現了青州封辨、齊州司馬小君、光州孫晏、齊州劉舉、青州主簿崔次恩等反叛。青齊豪強向來難以征服，在北魏攻打青齊時，便出現了「沈文靜、高崇仁擁眾不朝，扇擾邊服。崔僧右、蓋次陽、陳顯達連兵淮海，水陸鋒起，揚旌而至，規援青齊。士民洶洶，莫不南顧」（《魏書·慕容白曜傳》）的景象，沈文秀、崔道固均在慕容白曜進兵時頑強堅守，給魏軍製造了巨大困難。到北魏末年六鎮起義，青齊豪強暴動也不斷爆發。《魏書·肅宗紀》云：

> （孝昌元年二月）齊州魏郡民房伯和聚眾反，會赦，乃散。
>
> （孝昌元年三月）齊州清河民崔畜殺太守董遵，廣川民傅堆執太守劉莽反，青州刺史、安樂王鑒討平之。
>
> （孝昌二年十二月）齊州平原民劉樹、劉蒼生聚眾反，州軍破走之，劉樹奔蕭衍。
>
> （孝昌三年三月）齊州廣川民劉鈞執清河太守邵懷，聚眾反，自署大行臺。清河民房須自署大都督，屯據昌國城。

《魏書·莊帝紀》云：

> （建義元年五月）齊州郡民賈皓聚眾反，夜襲州城，會明退走。
>
> （建義元年五月）光州人劉舉聚眾數千反於濮陽，自稱皇武大將軍。

由此可見，雖然孝文帝採取了懷柔政策，恢復了青齊豪強的政治地位。但作為新附地區，青齊仍是北魏的不安定因素所在，《魏書·曹世表傳》云：「孝昌中，青齊頻年反亂。」建義元年（528），莊帝即位不久即有齊郡民賈皓聚眾反，夜襲州城。說明劉懷珍在新占青齊時所歎「齊之士民，安肯甘心左衽邪」的情況並未改變。﹝註17﹞故永安年間（528～530），莊帝委派其舅李延實任青州刺史時，表達了「懷磚之俗，世號難治」的憂慮。事實證明莊帝的擔心不無道理，李延實到任不久，普泰元年（531）青州便發生了大暴動，《魏書·前廢帝紀》云：

> （普泰元年三月）鎮遠將軍清河崔祖螭聚青州七郡之眾十餘萬人圍東陽。

﹝註17﹞《資治通鑑》卷一百三十二，中華書局，1956年版，第4132頁。

這次暴動發動了七郡十萬餘人，可見規模之大。暴動也反映了北魏末年城民（中央委派之世襲兵）與土民（地方豪強）間的矛盾。崔祖螭即崔僧淵之子，其父被高祖擢升，其子旋即反叛，正所謂「向背速於反掌」。

綜上所述，青齊之俗的形成，與該地區在南北朝時期曾隸屬於多個政權，以及青齊豪強自身的政治升降、民族心理認同等因素有著密切關係。莊帝站在最高統治者的立場，特別強調青齊之俗澆薄，也應該從當時青齊豪強的表現來理解。

歷史的敘述往往是累積而成，《洛陽伽藍記》的這段記錄對後世影響頗大，蓋因楊氏的概括，形成了一種敘述話語，為後世文獻所沿用。元代于欽《齊乘》卷五《風土》云：

> 此亦五胡南北亂離之際，青有此俗，蓋牧守有賢否，民心有好惡，上之黜陟賞罰不足以厭其心，激之使然也。甚則至於孫恩之醢縣令，黃巢之殺官吏，豈特懷磚而已。《書》云：「予視天下愚夫愚婦，一能勝已予。」聖人之畏民如此，寧有怒上之俗哉。〔註18〕

《古今圖書集成》卷二百六十五《青州府部彙考七‧青州風俗考》在引述《洛陽伽藍記》後云：

> 正以貪風壞俗，爭民奪施，不可不慎耳，非真有其事也。太守亦尊重矣，民烏得而擊之！見擊者為誰乎？無其人，唯虛語耳。而耳食者執以為口實，深可嗤也。此千古之贗事，故特辨之。〔註19〕

這兩則方志材料專門針對《洛陽伽藍記》而發，《齊乘》文中之「懷磚之俗」直接出自《洛陽伽藍記》。這一方面說明《洛陽伽藍記》此段記錄影響之大，後世方志編者不得不特加辨析。另一方面，從二者反對以「懷磚之俗」概括青齊民風來看，《洛陽伽藍記》「懷磚之俗」僅適用於描述北魏末年之青齊士風。

第二節　史識與史論

一、史料剪裁與傳奇筆法

　　《洛陽伽藍記》作為拓跋之別史，可以通過與《魏書》的比較，探究楊

〔註18〕于欽：《齊乘》卷五，乾隆四十六年（1781）序刻本。
〔註19〕《古今圖書集成》第84冊，第5頁。

衒之獨特的史學思想和成就。我們知道，「春秋筆法」始終伴隨中國古代史學
的發生與發展，純粹客觀的歷史敘述實際上並不存在。史書寫作是對已發生
的歷史事件進行剪裁、整理和敘述的過程。敘述者對於事件的認知角度及道
德評判，將不可避免地體現在史書寫作中。

《洛陽伽藍記》所記史事主要集中於北魏最後四十年，即太和十九年
（495）遷都洛陽至永熙三年（534）京師遷鄴。這是北魏盛極轉衰，並最終
走向分裂的時段，其間劇烈的政治變動，因有《洛陽伽藍記》的存在，提供
給後人正史之外一份良可寶貴的記錄。當然，《洛陽伽藍記》作為一部地志，
限於體例，不可能如正史般作全景式的記錄，也正因如此，使本書獲得了更
大的取捨空間和敘述自由，試以莊帝誅殺尒朱榮事件為例，將永寧寺條與《魏
書·莊帝紀》作一比較：

	《洛陽伽藍記·永寧寺》	《魏書·莊帝紀》
心理準備	時太原王位極心驕，功高意侈，與奪任情，臧否肆意。帝怒謂左右曰：「朕寧作高貴鄉公死，不作漢獻帝生。」	未記
行事藉口	九月二十五日，詐言產太子，榮、穆併入朝。	未記
誅殺過程	榮、穆併入朝，莊帝手刃榮於明光殿，穆為伏兵魯遷所煞。榮世子部落大人亦死焉。	帝殺榮天穆於明光殿，及榮子儀同三司菩提。
發佈詔書	未記	……既位極宰衡，地逾齊、魯，容養之至，豈復是過？但心如猛火，山林無以供其暴；意等漏巵，江河無以充其溢。既見金革稍寧，方隅漸泰，不推天功，專為己力，與奪任情，臧否肆意，無君之迹，日月以甚。拔髮數罪，蓋不足稱；斬竹書愆，豈云能盡？方復託名朝宗，陰圖釁逆，睥睨天居，窺覦聖曆。乃有裂冠毀冕之心，將為拔本塞源之事。天既厭亂，人亦悔禍，同惡之臣，密來投告。將而必誅，罪無容捨……
安撫榮部	遣主書牛法尚謂（尒朱那律）歸等曰：「……罪止榮身，餘皆不問。卿等何為不降？官爵如故。」遣侍中朱元龍齎鐵券與（尒朱）世隆，待之不死，官位如故。	未記
交兵過程	詳寫莊帝之抵抗與渡河：帝即出庫物置城西門外，募敢死之士以討世	記錄雙方交戰過程：冬十月癸卯朔，封安南將軍、大鴻臚卿元

	隆。一日即得萬人，與歸等戰於郭外，凶勢不摧。歸等屢涉戎場，便李擊刺。京師士眾未習軍旅，雖皆義勇，力不從心。三日頻戰，而遊魂不息。帝更募人斷河橋。有漢中人李苗爲水軍，從上流放火燒橋。 （尒朱）兆自雷陂涉渡，擒莊帝於式乾殿。帝初以黃河奔急，謂兆得猝濟，不意兆不由舟楫，憑流而渡。是日水淺，不沒馬腹，故及此難。書契所記，未之有也。	寶炬爲南陽王，……以討世隆。 乙卯，通直散騎常侍、假平西將軍、都督李苗以火船焚河橋，尒朱世隆退走。 丙辰……世隆至建州，刺史陸希質拒守，城陷，盡屠之。 丁卯，詔以世隆北叛，河內固守，其在城督將文武普加二級，兵士給復三年。 壬申，尒朱世隆停建興之都，尒朱兆自晉陽來會之，共推太原太守、行并州刺史長廣王曄爲主，大赦所部，號年建明，普泛四級。 十有二月壬寅朔，尒朱兆寇丹谷。都督崔伯鳳戰歿，都督羊文義、史五龍降兆，大都督源子恭奔退。甲辰，尒朱兆、尒朱度律自富平津上，率騎涉渡，以襲京城。事出倉卒，禁衛不守。
莊帝之死	遂囚帝還晉陽，縊於三級寺。帝臨崩禮佛，願不爲國王。又作五言曰：「權去生道促，憂來死路長。懷恨出國門，含悲入鬼鄉。隧門一時閉，幽庭豈復光？思鳥吟青松，哀風吹白楊。昔來聞死苦，何言身自當！」至太昌元年冬，始迎梓宮赴京師，葬帝靖陵，所作五言詩即爲輓歌詞。朝野聞之，莫不悲慟。百姓觀者，悉皆掩涕而已！	甲寅，尒朱兆遷帝於晉陽。甲子，崩於城內三級佛寺，時年二十四。

從上表可知，《魏書》的記載多點到爲止，《洛陽伽藍記》則分出詳略，楊衒之捨棄了發佈詔書部分，對交戰過程作有選擇的詳寫，重點突出了莊帝招募敢死之士，盡力抵抗的部分。楊氏對莊帝殺榮前的各項準備，以及殺榮後希圖安撫榮部的記錄，是《魏書》所闕失的，凸顯了莊帝既希望擺脫傀儡地位，又實力不足的尷尬處境。毫無疑問，對莊帝心理狀態的刻畫，使整個事件顯得眞實可信，敘事也更爲豐滿。故四庫館臣評曰：「敘尒朱榮等變亂之事，委曲詳盡，多足與史傳參證。」〔註20〕相比之下《魏書》的敘述就顯得平板，其羅列尒朱榮及其部下平定葛榮、邢杲、元顥之亂，並多次得到莊帝嘉獎諸事，其間並無尒朱榮和莊帝的矛盾記錄。《洛陽伽藍記》的敘述更具體可讀。至於殺榮的過程，雖然永寧寺條沒有詳寫，但在宣忠寺條中非常詳細：

> 永安末，莊帝謀殺尒朱榮，恐事不果，請計於徽。徽曰：「以生太子爲辭，榮必入朝，因以斃之。」莊帝曰：「后懷孕未十月，今始九

〔註20〕《四庫全書總目》卷七十·史部地理類三·《洛陽伽藍記》條。

> 月，可爾已不？」徽曰：「婦生產子，有延月者，有少月者，不足爲
> 怪。」帝納其謀，遂唱生太子，遣徽特至太原王第，告云皇儲誕育。
> 值榮與上黨王天穆博戲，徽脫榮帽，懽舞盤旋。徽素大度量，喜怒
> 不形於色，繞殿內外懽叫，榮遂信之，與穆併入朝。莊帝聞榮來，
> 不覺失色。中書舍人溫子昇曰：「陛下色變。」帝連索酒飲之，然後
> 行事。

表面平和的事態下暗藏殺機，謀事者棋行險招，稍有不愼便可全盤皆輸。這段驚心動魄的敘述，筆法顯係承自《史記・項羽本紀》之「鴻門宴」。漢代以後官修史書逐漸佔據主導地位，史筆亦漸趨程式化。以《魏書》爲例，其帝紀實等同於記事編年，且惜墨如金，極少對事件過程作全面記錄。《史記》所樹立的重場面與細節，強調史家個性與情感投射，富於傳奇色彩的寫作方式正逐漸式微。作爲「別史」的《洛陽伽藍記》能很好地繼承這點，確屬難能可貴。

二、獨立的史識

　　所謂「史識」，應包括著史者對於歷史事件與人物的理解與評判，以及秉筆直書、忠於史實的直筆精神。楊衒之作爲北魏末年政治變動的親歷者，對當時的政治人物自有其評價。楊氏獨特的史識，需要我們在文獻中尋繹。本文試選幾個代表性人物加以探討。

　　讀《洛陽伽藍記》者大多對莊帝寄予欽佩和同情，作爲手無實權而又頗具膽略的帝王，他留給世人印象最深的事件莫過於手刃尒朱榮。尒朱榮是開啓北魏末年政治動蕩和國家覆亡的罪魁禍首，莊帝殺榮是大快人心的事件。《魏書》卷一○四《自序》云：「及莊帝殺尒朱榮，遇禍於河陰者，其家率相弔賀。」楊衒之讚揚莊帝之膽略，對其兵敗被殺亦深表同情。不過，莊帝並不是一個完美的人物，甚而是一個權力欲望很強的人，楊衒之通過有限的篇幅，曲折地表達了這點。首先，尒朱榮入洛之初，與尚未即位的莊帝是同盟關係。永寧寺條云：

> （榮）遂於晉陽，人各鑄像不成，唯長樂王子攸像光相具足，端嚴
> 特妙。是以榮意在長樂。遣蒼頭王豐入洛，約以爲主。長樂即許之，
> 共克期契。

不僅如此，在尒朱榮進兵洛陽時，莊帝是其內應，永寧寺條云：

四月十一日榮過河內,至高頭驛。長樂王從雷陂北渡,赴榮軍所。

神軌、季明等見長樂王往,遂開門降。

從現有史料看,莊帝確非甘居人下之輩。《魏書·鄭先護傳》:「莊帝之居藩也,先護深自結托。及尒朱榮稱兵向洛,靈太后令先護與鄭季明等固守河梁,先護聞莊帝即位於河北,遂開門納榮。」《魏書·鄭季明傳》:「武泰中,潛通尒朱榮,謀奉莊帝。」《魏書·楊逸傳》:「建義初,莊帝猶在河陽,逸獨往謁。帝特除給事黃門侍郎,領中書舍人。」《魏書·李遐傳》:「尒朱榮稱兵向洛,次其郡境,莊帝潛濟河北相會。遐既聞榮推奉莊帝,遂開門謁侯,仍從駕南渡。」《北齊書·高乾傳》:「魏孝莊之居藩也,乾潛相託付。」可見莊帝居藩之時便已廣結親附,圖謀王祚。而莊帝的態度,對當時洛陽守將開城投降起到了關鍵作用,使尒朱榮一路兵不血刃進入洛陽。作為回報,尒朱榮將他推上了帝王之位。

好景不長,尒朱榮在控制了北魏朝政後,退居晉陽以遙控洛陽。永安三年九月,莊帝詐言產太子引尒朱榮入朝,手刃尒朱榮、元天穆於光明殿。十月,尒朱世隆、尒朱兆奉長樂王元曄為王,改元建明。十二月,尒朱兆攻入洛陽,擒莊帝,縊於晉陽三級寺。

我們注意到,莊帝誅殺尒朱榮的理由,從詔書上看,列其「河陰之役,安忍無親。王公卿士,一朝塗地,宗戚靡遺,內外俱盡」(《魏書·莊帝紀》)的罪狀,有為王室復仇的動因。而永寧寺條記其私下對左右言「朕寧作高貴鄉公死,不作漢獻帝生」,潛意識中仍有權力欲望因素。據陳爽的研究,河陰之變實際上是尒朱榮和莊帝共謀的結果,二者均需清除反對者。〔註21〕因此,誅殺尒朱榮一定程度上可看作是莊帝——尒朱榮集團內部權力傾軋事件。

建明二年,尒朱世隆廢長廣王,立廣陵王元恭,史稱前廢帝,改元普泰。在此之前,廣陵王為避禍佯喑不語,不預世事,居然遭到莊帝的猜疑,平等寺條云:

> 莊帝疑恭奸詐,夜遣人盜掠衣物,復拔刀劍欲殺之,恭張口以手指舌,竟乃不言。莊帝信其真患,放令歸第。

從這件事可以看出,莊帝對自身的法統地位始終存有疑慮,畢竟他是借助尒朱榮勢力上臺的。最能說明此點的,是他借河陰殺戮之機除掉了長兄彭城王

〔註21〕 陳爽:《河陰之變考略》,《中國社會科學院歷史研究所學刊》第 4 集,商務印書館 2007 年版。

劭，《魏書‧尒朱榮傳》云：

> 師次河內，重遣王相密來奉迎，帝與兄彭城王劭、弟始平王子正於
> 高渚潛渡以赴之。榮軍將士咸稱萬歲。於時武泰元年四月九日也。

《北史‧尒朱榮傳》云：

> （榮）又命二三十人拔刀走行宮，莊帝及彭城王、霸城王俱出帳。
> 榮先遣并州人郭羅察共西部高車叱列殺鬼在帝左右，相與為應。及
> 見事起，假言防衛，抱帝入帳，餘人即害彭城、霸城二王。

據《魏書‧彭城王勰傳》，元劭是彭城王勰嫡嗣，莊帝的長兄，莊帝即位後被
封無上王。莊帝當初潛赴尒朱榮軍中，彭城、霸城兩個兄弟是他的追隨者，
尒朱榮沒有必要將他們也殺掉。細繹《北史》，可知這當是莊帝和尒朱榮合謀
的結果，莊帝與兄弟同出帳，士兵假言防衛，藉故害之。胡三省認為：

> 劭，彭城嫡嗣，且魏主兄也，封為無上王，言其尊無上也。有君而
> 言無上，君子是以知魏主之不終也。〔註22〕

考慮到莊帝對元恭的猜忌，莊帝本人希望將這兩個兄弟除掉便不難理解。楊
衒之對於莊帝的批評，是通過其與廣陵王的對比曲折表達的，龍華寺條云：

> 獅子者，波斯國胡王所獻也。為逆賊万俟醜奴所獲，留於寇中。永
> 安末，醜奴破滅，始達京師。莊帝謂侍中李彧曰：「朕聞虎見獅子必
> 伏，可覓試之。」於是詔近山郡縣捕虎以送。鞏縣、山陽並送二虎
> 一豹。帝在華林園觀之，於是虎豹見獅子，悉皆瞑目，不敢仰視。
> 園中素有一盲熊，性甚馴，帝令取試之。虞人牽盲熊至，聞獅子氣，
> 驚怖跳踉，曳鎖而走。帝大笑。普泰元年，廣陵王即位，詔曰：「禽
> 獸因之，則違其性，宜放還山林。」獅子亦令送歸本國。送獅子者
> 以波斯道遠，不可送達，遂在路殺獅子而返。有司糾劾，罪以違旨
> 論，廣陵王曰：「豈以獅子而罪人也？」遂赦之。

這則故事中，莊帝流露出喜看爭鬥，爭強好勝的性格。相比之下，廣陵王則
顯得寬厚通達，頗有儒風。莊帝與廣陵王都是強臣所立，並無多少實權，但
在關鍵場合，廣陵王卻能夠堅持原則，毫不示弱。平等寺條在寫到評價尒朱
榮功過時，廣陵王不滿邢子才的敕文，並說：「永安手翦強臣，非為失德；直
以天未厭亂，故逢成濟之禍。」謂左右：「將詔來，朕自作之。」顯示出強硬
的姿態。其後在拒封史仵龍、楊文義，評其「於王有勳，於國無功」。譏刺尒

〔註22〕《資治通鑒》卷一五二，第4741頁。

朱世隆任命尒朱仲遠先斬後奏等問題上，均寸步不讓，大義凜然。這與莊帝
在河陰之變後評價尒朱榮「世抱忠孝，功格古今」(《魏書·莊帝紀》) 的詔媚
態度截然不同。《洛陽伽藍記》對於莊帝頻有暗諷，對廣陵王則無一貶詞，體
現了作為史家的楊衒之所持的帝王應以仁德為本的價值觀念。

　　對照《魏書》，我們發現其與《洛陽伽藍記》所記人物形象常有差異。例
如元徽，楊衒之在上引宣忠寺條中詳細記錄了其在莊帝誅殺尒朱榮時所起的
重要作用，在諸王各懷二望時對莊帝不離不棄，對元徽的忠誠和智謀極為讚
賞。後來元徽逃難投奔寇祖仁，為其所害，楊氏對這位忠臣的不幸遭遇深表
同情，並言：「崇善之家，必有餘慶；積禍之門，殃所畢集。祖仁負恩反噬，
貪貨殺徽，徽即託夢增金馬，假手於兆，還以斃之。使祖仁備經楚撻，窮其
塗炭，雖魏侯之笞田蚡，秦主之刺姚萇，以此論之，不能加也。」以報應不
爽之說對寇祖仁予以鞭撻，但這位忠烈之士卻被魏收塑造成了另一副形象，
《魏書·元徽傳》云：

> 徽性佞媚，善自取容，挾內外之意，宗室親戚莫與比焉。遂與彧等
> 勸帝圖榮，莊帝亦先有意。榮死，世隆等屯據不解。除徽太保，仍
> 大司馬、宗師、錄尚書事，總統內外。徽本意謂榮死後，枝葉自應
> 散亡。及尒朱宗族，聚結計難，徽算略無出，憂怖而已。

> 性多嫉妒，不欲人居其前。每入參謀議，獨與帝決。朝臣有上軍國
> 籌策者，並勸帝不納，乃云小賊何慮不除。又吝惜財用，自家及國。
> 於是有所賞錫，咸出薄少，或多而中減，與而復追。徒有糜費，恩
> 不感物。莊帝雅自約狹，尤亦徽所贊成。太府少卿李苗，徽司徒時
> 司馬也，徽待之頗厚。苗每致忠言，徽自得志，多不採納。苗謂人
> 曰：「城陽本自蜂目，而豺聲復將露也。」及尒朱兆之入，禁衛奔散，
> 莊帝步出雲龍門。徽乘馬奔度，帝頻呼之，徽不顧而去。

很難想像一個對莊帝忠肝義膽的臣子，會在危難之際不顧而去，前後相差如
此之大。對於《魏書》是否為「穢史」的問題，本文無法全面探討，但《魏
書》的某些記錄確有不實之處，劉頒所評《魏書》「黨齊毀魏」現象也確實存
在。〔註23〕元徽形象的不同也可以從這個角度理解，雖然《魏書》完成之時
已是齊天保五年 (554)，但由於高齊的發家與尒朱榮部族有千絲萬縷的聯繫，
書中仍多為尒朱榮諱，《魏書·尒朱榮傳》對榮頗有讚語，元徽形象之被扭曲，

〔註23〕中華書局標點本《魏書》附錄《舊本魏書目錄敘》，第3063頁。

也就不足爲奇了。又如劉宣明，崇眞寺條云：

> 橋北大道西有建陽里，大道東有綏民里，里內有河間劉宣明宅。神
> 龜年中，以直諫忤旨，斬於都市。訖目不瞑，屍行百步，時人談以
> 枉死。宣明少有名譽，精通經史，危行及於誅死。

《魏書‧肅宗紀》則云：

> 九月庚寅，皇太后幸嵩高山。癸巳，還宮。瀛州民劉宣明謀反，事
> 覺，伏誅。

《魏書‧楊昱傳》云：

> 神龜二年，瀛州民劉宣明謀反，事覺逃竄。

關於劉宣明是以「直諫忤旨」獲罪，還是謀反伏誅，因史料不足無法詳考。
范祥雍先生對此有辨析：

> 衒之謂「時人談以枉死」，此可以正史之訛。《北史‧肅宗紀》與《資
> 治通鑒》皆不載此事，當亦是疑《魏書》之語爲妄而刪之。又按《魏
> 書》五十八《楊昱傳》云：「神龜二年（519），瀛州民劉宣明謀反，
> 事覺逃竄。（元）義乃使（武昌王元）和及元氏誣告昱藏隱宣明。」
> 此雖出於元義誣告，然宣明必與楊昱素稔，故能構成罪詞。楊昱爲
> 楊椿之子，一門富貴，交往冠冕，宣明如爲其友，必非平民可知。
> 又史稱楊播弟兄「恭德愼行，爲世師範，漢之萬石家風，陳紀門法，
> 所不過也。諸子秀立，青紫盈庭」。由此而論，宣明爲人略可推知。
> 魏收書多誣，劉宣明一事幸賴此文爲之雪冤，亦可見楊氏之具有史
> 才也。〔註24〕

元徽與劉宣明在當時應該都是頗爲知名的人物，他們的共同點在於都是政治
鬥爭的失敗者，楊衒之曾借趙逸之口說「國滅之後，觀其史書，皆非實錄，
莫不推過於人，引善自向」。《魏書‧靈徵志》在敘及永寧寺九層浮圖火災時
曾言：「永寧見災，魏不寧矣。勃海，齊獻武王之本封也。神靈歸海，則齊室
將興之驗也。」暴露出其對高齊的詔佞。《洛陽伽藍記》永寧寺條則僅云「俄
然霧起，浮圖遂隱」，並未發揮祥異。〔註25〕楊衒之在平等寺條提到：「永熙
元年，平陽王入纂大業，始造五層塔一所。平陽王，武穆王少子。詔中書侍

〔註24〕 范祥雍：《洛陽伽藍記校注》，上海古籍出版社，1978 年版，第 87 頁。
〔註25〕 王伊同先生認爲永寧寺條這段文字「詭造異說，以符天命」，但筆者不認爲有
　　　　這種意圖。見王伊同：《詮譯「洛陽伽藍記」志餘》，《清華學報》第 15 卷，
　　　　1983 年 12 月。

郎魏收等為寺碑文。」平陽王是在廣陵王之被廢死後即位的，故招致楊氏譏刺，對魏收的碑文也省去不錄。我們知道，楊氏對永寧寺條之常景碑文，景明寺條之邢子才碑文，大覺寺條之溫子昇碑文均有引用，此處不引，可能是出於對魏收的不滿。因此，不排除楊氏不滿於當時的官方定論，而特地為這兩個失敗者保存一點史料，以供後人憑弔的可能。

三、史學思想

周一良先生指出，史書中的「序」或「論贊」，常常最能體現作史者的史學思想。〔註26〕從《左傳》開始，史家便以「君子曰」的形式對史事加以評論，後被太史公《史記》所繼承，成為史書中不可或缺的部分。不過在《左傳》中，「君子」並不是作者或某個特定人物的稱謂，而是才德之士的通稱。司馬遷將它改造為史傳文末論贊，以「太史公曰」的形式出現，對人事興廢加以品評，「序」、「論贊」遂成為探究史家史學思想的重要窗口。

《洛陽伽藍記》中的按語是作者現身評論的部分，雖然不多，但頗能從側面反映楊氏的史學思想，以下將此類文字作一統計：

章　節	內　　容
永寧寺條	衒之曰：「昔光武受命，冰橋凝於滹水；昭烈中起，的盧踊於泥溝。皆理合於天，神祇所福，故能功濟宇宙，大庇生民。若兆者蜂目豺聲，行窮梟獍，阻兵安忍，賊害君親，皇靈有知，鑒其凶德！反使孟津由膝，贊其逆心。《易》稱天道禍淫，鬼神福謙，以此驗之，信為虛說。」
昭儀尼寺條	衒之按，杜預注《春秋》云翟泉在晉太倉西南。按晉太倉在建春門內，今太倉在東陽門內，此地今在太倉西南，明非翟泉也。後隱士趙逸云：「此地是晉侍中石崇家池，池南有綠珠樓。」於是學徒始寤，經過者，想見綠珠之容也。
明懸尼寺條	衒之按，劉澄之《山川古今記》、戴延之《西征記》並云晉太康元年造，此則失之遠矣。按澄之等並生在江表，未遊中土，假因徵役，暫來經過，至於舊事，多非親覽，聞諸道路，便為穿鑿，誤我後學，日月已甚。
大統寺條	衒之按，蘇秦時未有佛法，功德者不必是寺，應是碑銘之類，頌其聲迹也。
宣忠寺條	楊衒之云：「崇善之家，必有餘慶；積禍之門，殃所畢集。祖仁負恩反噬，貪貨殺徽，徽即託夢增金馬，假手於兆，還以斃之。使祖仁備經楚撻，窮其塗炭，雖魏侯之笞田蚡，秦主之刺姚萇，以此論之，不能加也。」
凝玄寺條	衒之按，惠生《行紀》事多不盡錄，今依《道藥傳》、《宋雲家記》，故並載之，以備缺文。

〔註26〕周一良：《略論南朝北朝史學之異同》，《魏晉南北朝史論集續編》，北京大學出版社，1991年版，第100頁。

景寧寺條〔註27〕	元慎解夢，義出萬途，隨意會情，皆有神驗。雖令與後小乖，按令今百里，即是古諸侯。以此論之，亦爲妙著，時人譬之周宣。
凝玄寺條	按嚈噠國去京師二萬餘里。 案于闐國境，東西不過三千餘里。

從上表可知，「衒之按」或「按」基本上是考證史料，這是本書地志性質使然。永寧寺條的「衒之曰」、宣忠寺條的「衒之云」則與史書論贊頗爲類似。我們發現這兩處均引用了《周易》，前者出自《周易·謙卦》：「天道虧盈而益謙，地道變盈而流謙。鬼神害盈而福謙，人道惡盈而好謙。」後者出自《周易·坤卦·文言》：「積善之家，必有餘慶，積不善之家，必有餘殃。」都是對於天道人事的哲理言說，永寧寺條對鬼神福謙說予以激烈的否定，宣忠寺條則對善惡報應之說加以肯定。我們知道，《洛陽伽藍記》的記事基本附於寺廟之下，雖然史事佔有相當的篇幅，但從性質上說本書是一部地志。〔註28〕魏晉南北朝時期地志創作繁榮，從《漢唐方志輯佚》所輯殘存地志來看，地志中兼敍史事是通行的寫法，各家記敍只有詳略之別。〔註29〕以《洛陽伽藍記》而言，如果說側重記事仍不出地志範疇，那麼史論則完全突破了地志的限制。我們注意到，這兩條史論所對應的史事一反一正，其中永寧寺條尒朱兆得天助而擒莊帝，對《周易》歷史哲學提出了嚴峻挑戰。魏晉南北朝時期的史書寫作，尤其重視對社會風化、世道人心的引導作用。《晉書·陳壽傳》云：

> 故治書侍御史陳壽作《三國志》，辭多勸誡，明乎得失，有益風化，
> 雖文豔不若相如，而質直過之，願垂採錄。

《晉書·司馬彪傳》云：

> 先王立史官以書時事，載善惡以爲沮勸，撮教世之要也。

《魏書·崔鴻傳》載崔鴻《上〈十六國春秋〉表》云：

> 自晉永寧以後，雖所在稱兵，競自尊樹，而能建邦命氏，成爲戰國
> 者，十有六家。善惡興滅之形，用兵乖會之勢，亦足以垂之將來，

〔註27〕最後兩條沒有「衒之」二字，可能因小考證而省略。
〔註28〕高敏先生在《試論魏晉南北朝時期史學的興盛及其特徵和原因》一文中提出「方志體史書」爲當時史著之一類，良爲有見，不過他把《洛陽伽藍記》歸入佛教經典傳記，似對本書的「拓跋之別史」性質估計不足。參高敏：《魏晉南北朝史發微》，中華書局，2005年版。
〔註29〕劉緯毅：《漢唐方志輯佚》。

昭明勸誡。

《周書‧柳虯傳》載柳虯上疏曰：

> 古者人君立史官，非但記事而已，蓋所以爲監誡也。

《文心雕龍‧史傳篇‧贊》云：

> 史肇軒黃，體備周孔。世歷斯編，善惡偕總。騰褒裁貶，萬古魂動。
> 辭宗邱明，直歸南董。

上引《晉書‧陳壽傳》文，是陳壽死後，梁州大中正范頵等上表對《三國志》所作評價。從中可見時人最看重的是《三國志》「辭多勸誡，明乎得失，有益風化」的作用，歷史記錄反退居其次了。《文心雕龍》關於史傳的讚語，則說明了這種看法的普遍性。

周一良先生在評價《魏書》序、論時，認爲其「就事論事爲主，拘泥於一人一事論其功過。其議論標準固是儒家倫理道德，而對於拓跋氏一朝政治上興衰得失，沒有通觀全局的評論……議論的思辨性不強。」〔註 30〕與《魏書》不同的是，《洛陽伽藍記》這兩條史論雖因一時一事而發，卻帶有對歷史人事的終極思考。劉知幾《史通‧序例篇》說：「魏收作例，全取蔚宗。」周一良先生也認爲：「《魏書》傳志標目及紀傳之次序，亦多合乎范氏，知伯起確嘗取則於蔚宗也。」〔註 31〕不過魏收吸取了《後漢書》的傳目序例，卻未借鑒范曄最得意的論贊，《宋書‧范曄傳》載其《獄中與諸甥侄書》云：

> 吾雜傳論，皆有精意深旨，既有裁味，故約其詞句。至於《循吏》以下及《六夷》諸序論，筆勢縱放，實天下之奇作。其中合者，往往不減《過秦》篇。嘗共比方班氏所作，非但不愧之而已。欲遍作諸志，《前漢》所有者悉令備。雖事不必多，且使見文得盡。又欲因事就卷內發論，以正一代得失，意復未果。贊自是吾文之傑思，殆無一字空設，奇變不窮，同合異體，乃自不知所以稱之。此書行，故應有賞音者。

《後漢書》議論縱橫，筆勢縱放的特點已爲世所公認。《後漢書》未被《魏書》吸取的論贊，卻深深影響了《洛陽伽藍記》的史論寫作。據《魏書‧孝靜帝

〔註 30〕周一良：《略論南朝北朝史學之異同》，《魏晉南北朝史論集續編》，第 102～103 頁。

〔註 31〕周一良：《魏收之史學》，《魏晉南北朝史論集》，北京大學出版社，1997 年版，第 283 頁。另，周一良：《魏晉南北朝史札記》「魏收襲用南朝史書」條指出，《魏書》曾採沈約《宋書》，說明當時南朝史籍流至北方較爲普遍。

紀》，元善見曾「口詠范蔚宗《後漢書》贊」，說明范氏論贊在北朝影響之大。漢代以降，史家常從儒家歷史哲學出發評論史事，其中最常被引用的典籍便是《周易》。研讀《周易》是魏晉南北朝時期的學界潮流，無論經學、玄學，均奉《周易》爲經典。史家亦有研習《周易》的傳統，漢代司馬遷「受《易》於楊何」（《太史公自序》），《漢書》作者班固深受孟（喜）京（房）《易》學影響。干寶、孫盛、崔浩都曾注《易》。袁宏《後漢紀‧光武紀》卷三記載廣漢人李業，因不應朝廷徵辟，飲鴆而死，袁氏評論道：

> 《易》曰「無譽無咎」，衰世之道也。若夫潔己而不污其操，守善而不遷其業，存亡若一，滅身不悔者，此亦貞操之士也。嗚呼！天道之行，萬物與聖賢並通。及其衰也，君子不得其死，哀哉！〔註32〕

《後漢紀‧光武紀》卷七云：

> 袁宏曰：《書》稱「協和萬邦」，《易》曰「萬國咸寧」。然則諸侯之治，建於上古，未有知其所始者也。〔註33〕

漢晉之際，經史尚未完全分途，史書論贊未褪經學氣息。不過從另一個角度講，史家將歷史與儒學哲理相對照，推動了史論的發展。用《周易》史觀檢視史事，在史家中較爲普遍的。范曄《後漢書》除史事多襲取《後漢紀》外，史論也深受其影響。周天遊先生指出：「袁宏《紀》卷二十二論風俗變遷，上下縱貫近千年，筆勢放縱，較客觀地反映了從春秋至漢末之風俗變遷的概貌。被後人推崇的范曄《黨錮列傳‧序》其中兩漢風俗部分，實取資於袁《紀》。」〔註34〕《後漢書》序論中亦常引《易》論史，如《後漢書‧宦者傳》開頭云：

> 《易》曰：「天垂象，聖人則之。」宦者四星，在皇位之側，故《周禮》置官，亦備其數。閹者守中門之禁，寺人掌女宮之戒。

《後漢書‧律曆志》云：

> 論曰：《易》有太極，是生兩儀。兩儀之分尚矣，乃有皇犧。

除直接引用外，還有不少暗引，如《後漢書‧馬融傳》云：

> 論曰：馬融辭命鄧氏，逡巡隴漢之間，將有意於居貞乎？注云：隴漢之間謂客於漢陽時。《易‧屯卦‧初九》曰：「磐桓利居貞。」

〔註32〕 袁宏撰，周天遊校注：《後漢紀校注》，天津古籍出版社，1987年版，第58頁。
〔註33〕 《後漢紀校注》，第183頁。
〔註34〕 《後漢紀校注‧前言》。

《後漢書・劉焉傳》云：

> 論曰：劉焉睹時方艱，先求後亡之所，庶乎見幾而作。注云：《易》曰：
> 「君子見幾而作，不俟終日。」又曰：「幾者動之微，吉之先見。」

《後漢書・袁紹傳》云：

> 歷觀古今書籍所載，貪殘虐烈無道之臣，於操爲甚。莫府方詰外奸，
> 未及整訓，加意含覆，冀可彌縫。而操豺狼野心，潛包禍謀，乃欲
> 橈折棟梁，孤弱漢室。注云：《周易》「橈橑之凶，不可有以輔」也。

由此可見，楊衒之引《易》論史，與當時史學主流一致，不排除其受《後漢
書》的某些影響。〔註35〕不過，正如永寧寺條認爲天道虧盈而益謙屬於「虛
說」，並非所有的人事興廢都能被《周易》所解釋。實際上，《後漢紀》中，
也流露出重人事而輕天命的思想：

> 尚書令王允奏曰：「太史王立說孝經六隱事，令朝廷行之，消卻災邪，
> 有益聖躬。」詔曰：「聞王者當修德爾，不聞孔子製孝經，有此而卻
> 邪者也。」允固奏請曰：「立學深厚，此聖人秘奧，行之無損。」帝
> 乃從之。常以良日，王允與王立入，爲帝誦《孝經》一章，以丈二
> 竹篁畫九宮其上，隨日時而去入焉。及允被害，乃不復行也。

> 袁宏曰：神實聰明正直，依人而行者也。王者崇德，殷薦以爲饗天
> 地，可謂至矣。若夫六隱之事，非聖人之道也，匹夫且猶不可，而
> 況帝王之命乎？

所謂「六隱」，是一種遁甲之術。據《後漢書・方術傳》：「遁甲，推六甲之陰
而隱遁也。」而王允自身的經歷恰好提供了反證，故袁宏強調「王者崇德」，
揚棄天命思想，對《洛陽伽藍記》應該是有影響的。引《易》論史，表明了
史家對於歷史規律和人事興廢的思考，但評論史事經常也會惹來麻煩，胡寶
國先生談到北方沒有修史自由時談到：

> 崔浩前後，北方地區圍繞史書的修撰就常常有或大或小的政治風波
> 出現。從前趙的公師彧、前秦的趙淵，一直到北齊的魏收，都是如
> 此。北魏崔鴻曾私撰《十六國春秋》，但完成之後「不敢顯其書」，
> 也是因爲「其書有與國相涉，言多失體」，害怕惹來政治上的麻煩。

〔註35〕 《洛陽伽藍記・序》「三墳五典之說，九流百氏之言，並理在人區，而義兼天
外。」即本於《後漢書・西域傳論》「神迹詭怪，則理絕人區；感驗明顯，則
事出天外」，可見楊氏對《後漢書》不乏參考。

考慮到這種種類似事件的不斷發生，我們感到北方史學似乎與現實
政治及專制皇權存在著更為密切的關係，皇權總要干預史書的修
撰。〔註36〕

北魏史家李彪說：「國之大籍，成於私家，末世之弊，乃至如此，史官之不遇，
時也」（《魏書·李彪傳》），在他看來，私家與史官是截然兩分的，私家修史
是末世才有的亂象。另外，也有北方史家認為民間修史將導致眾說紛紜，莫
衷一是。如柳虯認為：「著漢魏者，非一氏；造晉史者，至數家。後代紛紜，
莫知準的」（《周書·柳虯傳》）。北朝史論不如南朝，修史限制可能也是一個
原因。在這種背景下，曾任北魏秘書監的楊衒之，以「正一代得失」態度，
用地志的形式，對北魏歷史予以採錄。在可能的情況下，能以史論的方式對
作亂者加以批判，就顯得尤為可貴了。《洛陽伽藍記》的存在，也為北朝史學
在南北史學度長絜短的天平上增添一個砝碼。

第三節　地志與行記

一、地志的繁榮與《洛陽伽藍記》的產生

魏晉南北朝是我國地志創作的高峰期，湧現出大量的州郡地志，《隋書·
經籍志》地理類序曰：

> 齊時，陸澄聚一百六十家之說，依其前後遠近，編而為部，謂之《地
> 理書》。任昉又增陸澄之書八十四家，謂之《地記》。陳時，顧野王
> 抄撰眾家之言，作《輿地志》。隋大業中，普詔天下諸郡，條其風俗
> 物產地圖，上於尚書。故隋代有《諸郡物產土俗記》一百五十一
> 卷，《區宇圖志》一百二十九卷，《諸州圖經集》一百卷。其餘記注
> 甚眾。

因地志數量龐大，故《隋志》列舉輯錄眾家性質的《地理書》、《輿地志》予
以說明。隋代統一全國後，在此基礎上修成《諸郡物產土俗記》一百五十一
卷，《區宇圖志》一百二十九卷，《諸州圖經集》一百卷。劉知幾說「地理為
書，陸澄集而難盡」，〔註37〕可見任、陸所集僅是一部分，唐代仍能看到眾多

〔註36〕 胡寶國：《漢唐間史學的發展》，商務印書館，2005 年版，第 199 頁。
〔註37〕 劉知幾撰，浦起龍注：《史通通釋》卷三《書志第八》，上海古籍出版社，1978
　　　　年版。

的地志。清王謨《漢唐地理書鈔》輯地志 249 種（包括存目），劉緯毅《漢唐方志輯佚》收集達 440 種，倉修良先生認爲地志的繁榮與門第制度有關：

> 地記的產生與發展，同門第制度的形成有著十分重要的關係。門第制度需要標舉郡望，以顯示自己門第的高貴，因此，單純誇耀本地人物出眾顯然還不能滿足要求，還需要宣傳產生這些傑出人物的地理條件等的優越，於是這兩種内容就自然的結合起來。〔註38〕

《三國志‧虞翻傳》注引《會稽典錄》載會稽人虞翻誇耀家鄉之語，即爲這種郡望意識的體現：

> 夫會稽上應牽牛之宿，下當少陽之位，東漸巨海，西通五湖，南暢無垠，北渚浙江，南山攸居，實爲州鎮，昔禹會群臣，因以命之。山有金木鳥獸之殷，水有魚鹽珠蚌之饒，海嶽精液，善生俊異，是以忠臣係踵，孝子連閭，下及賢女，靡不育焉。

地志的類型，大略有圖經、風土志、異物志（草木狀）、山川記、耆舊傳（先賢贊）、宮殿簿、寺塔記、從征記、高僧行記等。除門閥制度外，還有其他因素促成了地志的繁榮。首先，前代地理書如《山海經》、《禹貢》以來形成的地理意識，一直影響後人致力於地志寫作。如張華《博物志》卷一開頭云：

> 余視《山海經》及《禹貢》、《爾雅》、《説文》、地志，雖曰悉備，各有所不載者，作略説。出所不見，粗言遠方，陳山川位象，吉凶有徵。諸國境界，犬牙相入。春秋之後，並相侵伐。其土地不可具詳，其山川地澤，略而言之，正國十二。博物之士，覽而鑒焉。〔註39〕

我國自古就有博物傳統。孔子說讀《詩經》可以「多識於鳥獸草木之名」，周秦諸子著作如《莊子》、《呂氏春秋》、《爾雅》等書均留意殊方風俗的介紹。漢武帝以來，隨著西北交通道路的開闢，大量西域異物的傳入，使西者所記異域山川地理，大大拓展了人們的視野。自東漢楊孚《異物志》產生以來，中古時期出現過 20 多部以《異物志》命名的作品。據王晶波的研究，魏晉南北朝時期的《異物志》以記南方異物爲多，反映了當時北方中原地區與南方交通往來的頻繁。〔註40〕其次，各類地志的繁榮都有其原因，如高僧行記的發達，與僧人西行求法盛行有關，向達先生認爲：「佛教初入中國，宗派未

〔註38〕　倉修良：《方志學通論》，齊魯書社，1990 年版，第 123 頁。
〔註39〕　張華著，范寧校正：《博物志》，中華書局，1980 年版，第 7 頁。
〔註40〕　王晶波：《從地理博物雜記到志怪傳奇——〈異物志〉的生成演變過程及其與古小說的關係》，《西北師大學報》，1997 年第 4 期。

圓，典籍多闕，懷疑莫決。於是高僧大德發憤忘食，履險若夷。輕萬死以涉
蔥河，重一言之奈苑。魏晉以降，不乏其人，紀行之作時有所聞。」〔註41〕
山川記的發達與魏晉以來士人形成的寄情山水有關。〔註42〕從征記的出現則
與文士從軍征戰有關，如戴延之《西征記》，即因隨劉裕西征姚泓而作。

　　地志創作的繁榮，是《洛陽伽藍記》賴以產生的深厚土壤。各種類型的
地志創作，很大程度上爲《洛陽伽藍記》的產生提供了寫作經驗。曹虹教授
在探討《洛陽伽藍記》源流時曾指出，歷代名城名都記，如陸機《洛陽記》、
《洛陽宮殿簿》，戴延之《洛陽記》、《西征記》，劉澄之《山川古今志》等地
志作品，實爲本書之先導。〔註43〕明懸尼寺條對劉澄之《山川古今記》、戴延
之《西征記》的辨僞，凝玄寺條引《宋雲行記》、《惠生行記》，均顯示出楊氏
對於地志的熟悉。《洛陽伽藍記》中清晰的方位感，記地理兼敘歷史，喜記風
俗志怪，多載草木異物的寫法，均可在同時及前代地志中找到根源。至於本
書的結構，第一章第二節已指出其受高僧行記的深刻影響。

　　在眾多地志湮滅的情況下，《洛陽伽藍記》能流傳後世，固然有多種原
因。如楊氏吸收漢晉辭賦的寫作手法，〔註44〕形成穠麗秀逸的風格，文筆上
顯得鶴立雞群（這點將在下一章詳細討論）。從地志角度看，則要歸功於楊衒
之的史學意識。楊氏在《序》中說：「今之所錄，止大伽藍。其中小者，取其
祥異，世諦俗事，因而出之。」「祥異」和「俗事」成爲選擇記敘對象的標
準，換句話說，地理實際上成了歷史的配角。在一般地志中，後者是前者的
配角。試從《漢唐方志輯佚》中選取幾則分析，〔註45〕晉宋之際人紀義《宣
城記》云：

　　　臨城縣南四十里有蓋山。百許步有舒姑泉。昔有舒女，與父析薪於
　　　此泉。女因坐，牽挽不動，乃還靠家。比還，唯見清泉湛然。女母

〔註41〕 向達：《唐代長安與西域文明》，三聯書店，1957 年版，第 565 頁。
〔註42〕 參胡寶國：《漢唐間史學的發展》之《州郡地志》。
〔註43〕 曹虹：《洛陽伽藍記釋譯・源流》，佛光文化事業有限公司，1998 年版，第 330 頁。
〔註44〕 參曹虹：《洛陽伽藍記與漢晉辭賦傳統》，《古典文獻研究》第 11 輯，鳳凰出版社，2008 年版。此外，曹虹在《洛陽伽藍記釋譯・源流》認爲「《洛陽伽藍記》儘管不乏前導，實際上卻因其富於創意和個人才情，而成現存佛教文史典籍中寺塔記著作的奠基之作。」《洛陽伽藍記釋譯》，第 331 頁。
〔註45〕 雖然現存的漢唐方志大多爲片斷，但多數條目首尾完整，仍可以作爲分析對象。

曰，吾女好音樂。乃作絃歌。泉湧洄流。有朱鯉一雙，今人作樂嬉戲，泉故湧出。〔註46〕

南朝宋・雷次宗《豫章記》云：

松陽門內有大梓樹，大四十五圍，舉樹盡枯死。永嘉中，一旦忽更榮茂。太興中，元皇帝果繼大業。庾仲初《楊都賦》云：「弊梓攉秀於祖邑」也。宣帝祖爲豫章太守，故云祖邑也。〔註47〕

佚名《吳地記》云：

袁山松城，《晉書》云，左將軍袁山松，陳郡任。時爲吳郡太守，隆安五年築此城，在滬瀆邊，江城之以禦。孫恩圍山松於此，城陷，害山松。城今爲波潮所沖，以半毀江中。山松城東夾江，又有二城相對，闔閭所築，以備越處。〔註48〕

以上三則均在記敘地理時兼及歷史掌故，不過無論介紹歷史事件或引用文獻，都非常簡略，決不過度展開，且結尾處復歸於地理敘述。這也是地志的普遍特點──地理是敘述核心，歷史人文作爲附加部分，沒有獨立的地位，也不能單獨剝離。《洛陽伽藍記》打破了這種寫法，書中描寫寺廟與敘述歷史的章節常可各自獨立。以永寧寺條爲例，記敘河陰之變的三個領起句：「建義元年，太原王尒朱榮總士馬於此寺」；「永安二年五月，北海王元顥復入洛，在此寺聚兵」；「永安三年，逆賊尒朱兆囚莊帝於寺」雖然提及寺廟，但從「建義元年」、「永安二年」、「永安三年」這三個連續的年份可以看出，這三句實際上是爲引出歷史敘事而設。假如抽掉開頭和結尾記敘寺廟部分，這段文字稍作處理即可獨立成章，成爲一篇河陰之變別史。另外如秦太上君寺條，雖然也有寺廟浮圖的描寫，但主體部分是通過幾個人物間的問答，介紹青齊士風的特點和由來。青齊士風與秦太上君寺唯一的聯繫，只在李延實之宅與該寺同處暉文里。至於崇眞寺條與正覺寺條，前者記五比丘事，後者記王肅因南方生活習慣飽受嘲弄事，均只敘人事不及地理。類似的例子書中不勝枚舉，《洛陽伽藍記》善於通過延伸敘述歷史人事，較少受地理限制，且篇幅遠遠超過地理，故而能使全書顯得更爲精彩充實，這也是《洛陽伽藍記》高出普通地志之處。

〔註46〕 《漢唐方志輯佚》，第 204 頁。
〔註47〕 《漢唐方志輯佚》，第 246 頁。
〔註48〕 《漢唐方志輯佚》，第 292 頁。

二、《宋雲惠生行紀》文本構成新證

《洛陽伽藍記》第五卷所錄《宋雲惠生行紀》是書中較爲獨特的部分，它綜合了《宋雲行紀》、《惠生行紀》和《道藥傳》三部作品而成。《宋雲惠生行紀》（學界一般認爲其構成主體爲《宋雲行紀》，故慣稱「宋雲行紀」。爲避免混淆，下文簡稱這部三合一的作品爲「《行紀》」，《宋雲行紀》則特指宋雲所撰行紀）作爲中古交通史上的重要文獻，向來受到國內外學者的關注。二十世紀以來，沙畹、內田吟風、長澤和俊、丁謙、周祖謨、范祥雍、余太山等學者均有研究發表。〔註49〕文獻整理方面，清末民初杭州人丁謙有《宋雲西域求經記地理考證》，收於《浙江圖書館叢書》第二集。張星烺《中西交通史料彙編》第六冊第九十八節有《宋雲行記》注釋。〔註50〕1869 年英國漢學家塞繆爾・比爾（Samuel. Beal, 1825～1889）將《行記》譯爲英文：《法顯，宋雲遊記：從中國至印度的佛教朝聖之旅》。〔註51〕沙畹《宋雲行紀箋注》、周祖謨《洛陽伽藍記校釋》和范祥雍《洛陽伽藍記校注》的「宋雲行紀」部分、余太山《「宋雲行紀」要注》所作箋注均極精審。專題研究上，一些懸而未決的問題也得到澄清，如關於宋雲、惠生出使的時間，《行紀》、《釋迦方志》記爲神龜元年（518），《魏書・釋老志》記爲熙平元年（516）。內田吟風較早注意到宋雲是官吏，惠生是僧人，指出二者出使任務和目的不同，受詔時間也有先後之別，惠生於熙平元年受詔，他和宋雲、法力等一同出行則在兩年後的神龜元年。之所以延期出發，是因爲柔然征討高車發生了叛亂，至 518 年叛亂平息，出行方成爲可能。〔註52〕長澤和俊、余太山沿著內田的思路，

〔註49〕 沙畹撰，馮承鈞譯：《宋雲行紀箋注》，載《西域南海史地考證譯叢六編》，收於《西域南海史地考證譯叢》第 2 卷，商務印書館，1962 年重印，1995 年北京第 2 次影印，第 1～68 頁。內田吟風：《後魏宋雲釋惠生西域求經記考證序說》，《塚本博士頌壽紀念佛教史學論集》，京都，1961 年版，第 113～124 頁。長澤和俊：《論所謂的〈宋雲行紀〉》，收於氏著，鍾美珠譯《絲綢之路史研究》，天津古籍出版社，1990 年版，第 490～511 頁。丁謙：《宋雲西域求經記地理考證》，《浙江圖書館叢書》第 2 集。周祖謨：《洛陽伽藍記校釋》，科學出版社，1958 年版。范祥雍：《洛陽伽藍記校注》，上海古籍出版社，1978 年版。余太山：《宋雲、惠生西使的若干問題》、《「宋雲行紀」要注》，收於《早期絲綢之路文獻研究》，上海人民出版社，2009 年版，第 46～72、268～302 頁。

〔註50〕 張星烺編著，朱則勤校訂：《中西交通史料彙編》，中華書局，1978 年版。

〔註51〕 *Travels of Fah-Hian and Sung-Yun: Buddhist Pilgrims, from China to India (400 A. D. and 518 A. D.)*, Londres Trubner, 1869.

〔註52〕 內田吟風：《後魏宋雲釋惠生西域求經記考證序說》。

進一步指出二人出使路線、歸國時間也有不同，並理清了使團經行的路線。
〔註 53〕特別是余太山先生的近著《早期絲綢之路文獻研究》一書，是目前《行紀》研究最為全面的著作。

　　《行紀》的文本構成是筆者關注的重點，目前學界普遍認為楊衒之以《宋雲行紀》為底本，兼收《惠生行紀》、《道藥傳》（亦稱《道榮傳》）合併而成，陳寅恪先生指出這種編輯方式為「合本子注」，為學界廣泛接受，長澤和俊亦贊同《行紀》是楊衒之編纂以上三書而成。〔註 54〕近來，余太山先生提出新見，認為《惠生行紀》在書中並不存在。他說：「沒有證據表明衒之摘錄了《惠生行紀》的內容，『宋雲行紀』的內容採自《宋雲家紀》和《道榮傳》」。〔註 55〕筆者認為，《惠生行紀》在書中是存在的，傳統觀點未可輕易否定，不僅如此，學界一般認為《惠生行紀》在書中居於從屬地位的觀點，也值得商榷。

　　（一）

　　余太山先生否定書中有《惠生行紀》的理由可歸納為三點：一、惠生是書中提到宋雲時附帶提及；二、提及兩者共同活動時，宋雲名字在前；三、全部行程取決於宋雲；此外，余先生推測楊衒之不錄《惠生行紀》的原因，在於其過於簡略。〔註 56〕

　　關於第一點，即惠生是否為附帶提及的問題，有重新討論的必要。《洛陽伽藍記》卷五「凝玄寺條」開頭云：

> 聞義里有敦煌人宋雲宅，雲與惠生俱使西域也。神龜元年十一月冬，太后遣崇立寺比丘惠生向西域取經，凡得一百七十部，皆是大乘妙典。初發京師，西行四十日，至赤嶺……

余先生認為「提及『惠生行紀』是因為『雲與惠生俱使西域』」，但實際上剛好相反，這段文字雖然先提宋雲，目的卻為引出惠生。「神龜元年」以下，敘

〔註 53〕 長澤和俊：《論所謂的〈宋雲行紀〉》；余太山：《宋雲、惠生西使的若干問題》。

〔註 54〕 陳寅恪：《讀〈洛陽伽藍記〉書後》，《陳寅恪史學論文選集》，上海古籍出版社，1992 年版，第 454～458 頁；長澤和俊：《論所謂的〈宋雲行紀〉》，《絲綢之路史研究》，第 502 頁。

〔註 55〕 余太山：《宋雲、惠生西使的若干問題》，《早期絲綢之路文獻研究》，第 57 頁。

〔註 56〕 余太山：《宋雲、惠生西使的若干問題》，《早期絲綢之路文獻研究》，第 54～55 頁。

惠生奉詔西行及所得大乘妙典，均與宋雲無涉（宋云是外交使節，惠生是僧人，求大乘妙典是惠生的任務），敘述重點實已轉向惠生。細繹文意，「初發京師」的主語顯為惠生。《行紀》下文有「惠生初發京師之日，皇太后敕付五色百尺幡千口」之語也是證明。故「神龜元年十一月冬」很可能就是《惠生行紀》的開頭。筆者作此推測的另一個依據是《洛陽伽藍記》的敘事慣例。《洛陽伽藍記》有一種獨特的寫作筆法，即善於引發聯繫，而被引發者往往是下文的敘述重點。以「正始寺條」為例：

> 敬義里南有昭德里。里內有尚書僕射游肇、御史中尉李彪、七兵尚書崔休、幽州刺史常景、司農張倫等五宅。彪、景出自儒生，居室儉素，惟倫最為豪侈。……倫造景陽山，有若自然。……天水人姜質，志性疏誕，麻衣葛巾，有逸民之操，見倫山愛之，如不能已，遂造《庭山賦》行傳於世。其辭曰：「今偏重者，愛昔先民之重由樸由純，然則純樸之體，與造化而梁津……

本段敘述次序為：昭德里有張倫等五臣宅——張倫最豪奢，造景陽山——姜質賞景陽山而作《庭山賦》——錄《庭山賦》全文。環環相扣，構成一個敘述鏈。這種類似移步換景的筆法，在《洛陽伽藍記》中相當普遍。如「景寧寺條」，其敘述鏈為：孝義里張景仁宅——張景仁宴請陳慶之——陳慶之被楊元慎羞辱——楊元慎為人解夢。因此，筆者認為「凝玄寺條」的寫作順序是：聞義里宋雲宅——宋雲與惠生俱使西域——錄《惠生行紀》文。這點在第五卷末尾得到印證：

> 惠生在烏場國二年，西胡風俗，大同小異，不能具錄。至正光三年二月始還天闕。

> 衙之按《惠生行記》事多不盡錄，今依《道榮傳》、《宋雲家記》，故並載之，以備缺文。

這段按語清楚地表明，第五卷所錄應為《惠生行紀》，因其記事「不盡錄」，故以《道藥傳》和《宋雲家記》「並載之」。也就是說，整篇《行紀》的底本是《惠生行紀》，《道藥傳》和《宋雲家記》是起「以備缺文」的作用。楊衙之寫作《洛陽伽藍記》具有清晰的體例意識，書中按語尤其值得重視。〔註57〕楊氏在結尾以惠生的行程作結，顯係呼應開頭。余先生謂「沒有證據表明衙

〔註57〕關於楊衙之的體例意識，可參本書第二章第二節對《洛陽伽藍記・序》的討論及注釋。

之摘錄了《惠生行紀》的內容」與事實不符。需要說明的是，《宋雲家記》（包括下文的《宋雲魏國以西十一國事》），當爲《宋雲行紀》的別稱，中古時期私家著述常有多個名稱，如《法顯傳》便有《歷遊天竺記傳》、《佛國記》、《法顯行傳》等多個別名。

（二）

接下來的問題是，既然楊衒之認爲《惠生行紀》「事多不盡錄」，爲何還要以之爲底本？我們注意到，李延壽在編寫《北史·西域傳》時，《宋雲行紀》和《惠生行紀》還存有單行本，即《隋志》著錄之《慧生行傳》一卷和《新唐書·藝文志》著錄之《宋雲魏國以西十一國事》一卷。在這種情況下，李氏同樣選擇《惠生行紀》爲依據。〔註58〕《北史·西域傳》云：

> 初，熙平中，肅宗遣王伏子統宋雲、沙門法力等使西域，訪求佛經。
> 時有沙門慧生者，亦與俱行，正光中還。慧生所經諸國，不能知其
> 本末及山川里數。蓋舉其略云……

筆者經對勘，《北史》下文所敘朱居、渴槃陀、鉢和、波知、賒彌、乾陀七國，內容均本於《行紀》。文中的「慧生（即『惠生』）所經諸國」尤值得注意，如果《北史》史料本於《宋雲行紀》，則應作「宋雲所經諸國」。〔註59〕另外要說明的是，《北史》這段文字的並非襲自上引《洛陽伽藍記》卷五「凝玄寺條」之開頭，兩者所敘年代與派遣者均不同，卻都不約而同將主導者歸於惠生，可見李延壽實際上將《行紀》視作《惠生行紀》。一個旁證是，《大正藏》史傳部所收《行紀》也命名爲《北魏僧惠生使西域記》。法人沙畹也說：

> 按《慧生行傳》，李延壽似已見之；蓋《北史·西域傳》嚈噠迄乾陀
> 羅諸條顯爲錄諸行紀之文。〔註60〕

〔註58〕雖然《魏書》成書年代要早於《北史》，但今本《魏書·西域傳》是後人據《北史·西域傳》所補，故筆者以《北史》爲討論對象。不過，因《魏書·西域傳》至宋始佚，故不排除《北史》沿襲《魏書》的可能。因《慧生行傳》、《宋雲魏國以西十一國事》在唐時仍存，魏收或李延壽都可見到，《西域傳》的編寫者是誰對本文的討論並無實質影響。另外，沙畹等也傾向於《北史·西域傳》出於李延壽之手。參余太山：《〈魏書西域傳〉原文考》，載《學術集林》卷八，上海遠東出版社，1996年版，第210～236頁。

〔註59〕長澤和俊、松田壽男也認爲是據《惠生行紀》所寫，見《絲綢之路史研究》，第500頁。

〔註60〕沙畹：《宋雲行紀箋注·緒言》，《西域南海史地考證譯叢六編》，第2頁。

可見沙畹也認爲《慧生行傳》是李延壽《北史‧西域傳》的史料依據，他的
箋注命名爲《宋雲行紀箋注》可能只是遷就學界的習慣提法。

　　《慧生行紀》雖有記載不夠詳盡的缺點，但筆者認爲它多記山川地理的
特點，恰是楊衒之、李延壽選擇它爲底本的重要原因。以《洛陽伽藍記》而
言，介紹使團首先需要清晰的路線和沿途各國山川地理概貌，〔註61〕在此基
礎上可兼錄使者活動；以《北史》而言，其載錄重點在於各國的地理位置、
山川風貌、民俗習慣，即所謂「本末及山川里數」，行紀中使者活動內容則不
在選錄範圍。如《北史‧西域傳》「吐呼羅國條」云：

> 吐呼羅國，去代一萬二千里。東至范陽國，西至悉萬斤國，中間相
> 去二千里；南至連山，不知名，北至波斯國，中間相去一萬里。薄
> 提城周匝六十里，城南有西流大水，名漢樓河。土宜五穀，有好馬、
> 駝、騾。其王曾遣使朝貢。

李延壽批評《慧生行紀》「不能知其本末及山川里數」，我們的理解不能絕對
化，李氏非言《慧生行紀》對這些內容全無記載，而是記載偏於簡略，符合
正史要求的材料不多。李氏苛責的原因，在於他找不到《慧生行紀》以外的
資料，中華書局本《北史》標點者指出：

> 惠生所歷尚有吐谷渾、鄯善、于闐，嚈噠諸國，上文已見，故不重
> 敘。〔註62〕

很明顯，吐谷渾、鄯善、于闐、嚈噠等國史料多見，《北史‧西域傳》不必據
《慧生行紀》。而朱居、渴槃陀等七國則只能依《慧生行紀》。《北史‧西域傳》
「朱居國條」云：

> 朱居國，在于闐西。其人山居，有麥，多林果。咸事佛，語與于闐
> 相類，役屬嚈噠。

「渴槃陀國條」云：

> 渴槃陀國，在葱嶺東，朱駒波西。河經其國東北流，有高山，夏積
> 霜雪。亦事佛道，附於嚈噠。

這兩條傳文均本於《慧生行紀》，同時也是《西域傳》諸國中篇幅較少的，原

〔註61〕《洛陽伽藍記》中對於地理方位敘述客觀而準確，參林文月：《洛陽伽藍記的
　　　　冷筆與熱筆》，《中古文學論集》，大安出版社，1989年版，第253～299頁。
〔註62〕《北史》卷九十七《西域傳》校勘記〔五一〕，中華書局，1974年版，第3246
　　　　頁。《北史‧西域傳》之「嚈噠國」條，大部分內容並非出於《行紀》，前引
　　　　沙畹之說可商。

因便是《惠生行紀》未能提供更多的資料。既然如此，《北史》爲何不用《宋雲行紀》呢？只有一種可能，即相比於《惠生行紀》，《宋雲行紀》山川地理記載更不足道。關於這點，我們需要具體分析《行紀》的內容。

（三）

綜觀《行紀》，很容易發現各國介紹篇幅的不均衡。爲分析方便，我們將《行紀》分爲三個部分：

	起　　止	內　容	字　數
第一部分	初發京師……是以行者望風謝路耳。	記吐谷渾至賖彌國等9國事	二千
第二部分	十二月初入烏場國……道榮至此禮拜而去，不敢留停。	記烏場國事	一千四百
第三部分	至正光元年四月中旬，入乾陀羅國……胡字分明，於今可識焉。	記乾陀羅國事	二千一百

第一部分記事簡潔緊湊，從神龜元年十一月初發京師，至神龜二年十一月到達賖彌國，用約兩千字介紹了吐谷渾、鄯善、于闐、朱駒波、漢盤陀、鉢和、嚈噠、波知、賖彌等九國，篇幅分佈均勻，內容爲扼要介紹山川地理風俗。第二部分單寫烏場國，篇幅卻達到一千四百字。楊衒之說：「惠生在烏場國二年，西胡風俗，大同小異，不能具錄。」這是證明《惠生行紀》特點的絕好材料——《惠生行紀》的烏場國部分仍使用第一部分的寫法，即以介紹山川地理爲主，對大同小異的風俗內容未加具錄，而《行紀》中之所以有較多的篇幅，是楊衒之以《宋雲行紀》、《道藥傳》補充的結果。

筆者認爲，第一部分是《惠生行紀》的原貌，即以簡要記敘經行路線和各國地理風貌爲主。第二部分中，開頭敘述烏場國山川地理的部分也屬《惠生行紀》，篇幅與第一部分之嚈噠國近似，約二百字。而佔據篇幅最多的記敘使者活動部分，如宋雲授予烏場國國王詔書，介紹中國聖人；宋雲惠生尋如來教迹；宋雲因覩物思鄉而得病等。不僅內容與前文迥異，且始終以宋雲活動爲主線，即使提到惠生，也是與宋雲一同出現，這部分內容應源自《宋雲行紀》。這樣便很好地解釋了余太山先生的第二點理由，即書中提及二人共同活動時宋雲名字在前。至於余先生的第三點理由即全部行程取決於宋雲，我們知道合團出行相互遷就行程本屬常事，更何況兩者具體路線上還有一定差別。

第三部分相對複雜，使團於正光元年四月入乾陀羅國，這部分不少篇幅引《道藥傳》，因均有標注，可以不論。這部分所記主要爲宋雲與乾陀羅王對答、宋雲惠生遊歷雀離浮圖二事。前者爲外交活動，且僅有宋雲的活動記錄，故採自《宋雲行紀》可能性較大；後者爲參觀佛教遺迹，以記惠生事迹爲主，其中 4 次提及惠生，僅 1 次提及宋雲，故出自《惠生行紀》可能性較大。另外值得注意的是，本節表述習慣也出現變化，第一部分寫行蹤慣用兩種筆法，一是「從某地西行多少里，至某地」，如「從吐谷渾西行三千五百里，至鄯善城」，「從鄯善西行一千六百四十里，至左末城」。二是「某年某月入某國」，如「九月中旬入鉢和國」，「十月之初，至嚈噠國」。交代時間、路線、地理位置較爲清晰，而第三部分大量出現「西行幾日」，「復西行幾日」，路線和地理交代較爲模糊，可能並非《惠生行紀》之文。

至此，我們基本可以推知，《宋雲行紀》詳於記敘使者出使諸國所經之事，特別是涉及外交方面，這與宋雲使者身份有關。《惠生行紀》則多記經行路線、山川地理及與佛教相關的活動。對《北史》作者李延壽來說，雖然《惠生行紀》過於簡略，但《宋雲行紀》偏於記事，可用材料更少。《惠生行紀》因其對經行路線和山川地理的框架性敘述，具備一個完整的結構，故爲楊衒之、李延壽所重視。另外，楊衒之重視《惠生行紀》還與此書的佛教色彩有關。楊氏在《洛陽伽藍記·序》中闡述本書寫作目的，是爲保存北魏繁盛的佛教景觀不致後世無傳，《惠生行紀》作爲一部重要的僧人求法行紀，自然是楊衒之所要載錄保存的對象。從兩種行紀的種種不同，以及宋雲與惠生各自撰寫行紀這件事來看，二人原爲不同使團領袖的可能性較大。

綜上所述，筆者認爲《惠生行紀》雖然簡略，但因其對出使路線和山川地理的記敘，故被楊衒之選爲《洛陽伽藍記》第五卷的底本。因此，「惠生行紀」比「宋雲行紀」更適合作爲《宋雲惠生行紀》的簡稱。

第四章 《洛陽伽藍記》的文學特徵

　　《洛陽伽藍記》作爲北朝文學的扛鼎之作，其文學水平歷代均有很高評價。明清以來，隨著《洛陽伽藍記》研究的逐步開展，學者也逐漸意識到此書的文學價值，毛晉《綠君亭本洛陽伽藍記跋》云：

> 鋪揚佛宇，而因及人文。著撰園林、歌舞、鬼神、奇怪、興亡之異，以寓其褒譏，又非徒以記伽藍已也。妙筆葩芬，奇思清峙，雖衛叔寶之風神，王夷甫之姿態，未足以方之矣。

此評前半歎其內容廣博，後半以魏晉玄談兩個代表人物衛玠、王衍的風神姿態與其文學特色相比，不吝讚美之辭。本章我們將具體分析本書在文學領域所取得的成就。

第一節　風格與結構

一、釋「穠麗秀逸」

　　目前所見對《洛陽伽藍記》文學特色最爲精當的概括，當數《四庫全書總目》「洛陽伽藍記條」總結出的「穠麗秀逸」四字，文曰：

> 魏自太和十七年作都洛陽，一時篤崇佛法，刹廟甲於天下。及永熙之亂，城郭丘墟。武定五年，衒之行役洛陽，感念廢興，因捃拾舊聞，追敘故迹，以成是書。……其文穠麗秀逸，煩而不厭，可與酈道元《水經注》肩隨。其兼敘尒朱榮等變亂之事，委曲詳盡，多足與史傳參證。〔註1〕

〔註 1〕　《四庫全書總目》卷七十・地理類・古迹之屬，第 958 頁。

依照林晉士先生的解釋，「穠麗」是指風格華豔赫奕，「秀逸」是指風格清新俊逸。〔註2〕曹虹教授進一步指出，楊衒之文學素養的形成，與其對漢晉辭賦的繼承有密切關係〔註3〕（本書的語言深受漢晉辭賦影響，下一節「造語本於辭賦」部分有詳論）。本書「穠麗」的風格，即源於漢賦工筆刻畫，鋪陳繁複的筆法，尤以永寧寺條最爲顯著：

> 中有九層浮圖一所，架木爲之，舉高九十丈。上有金刹，復高十丈；合去地一千尺。去京師百里，已遙見之。初掘基至黃泉下，得金像三十軀，太后以爲信法之徵，是以營建過度也。刹上有金寶瓶，容二十五斛。寶瓶下有承露金盤一十一重，周匝皆垂金鐸。復有鐵鏁四道，引刹向浮圖四角，鏁上亦有金鐸，鐸大小如一石甕子。浮圖有九級，角角皆懸金鐸，合上下有一百三十鐸。浮圖有四面，面有三戶六窗，戶皆朱漆。扉上各有五行金鈴，其十二門二十四扇，合有五千四百枚。復有金環鋪首，殫土木之功，窮造形之巧，佛事精妙，不可思議。繡柱金鋪，駭人心目。至於高風永夜，寶鐸和鳴，鏗鏘之聲，聞及十餘里。

> 浮圖北有佛殿一所，形如太極殿。中有丈八金像一軀、中長金像十軀、繡珠像三軀、金織成像五軀、玉像二軀，作工奇巧，冠於當世。僧房樓觀，一千餘間，雕梁粉壁，青璅綺疏，難得而言。栝柏椿松，扶疏簷霤；聚竹香草，布護階墀。

> 是以常景碑云：「須彌寶殿，兜率淨宮，莫尚於斯也。」

> 外國所獻經像皆在此寺。寺院牆皆施短椽，以瓦覆之，若今宮牆也。四面各開一門。南門樓三重，通三閣道，去地二十丈，形制似今端門。圖以雲氣，畫彩仙靈，綺錢青璅，赫奕麗華。拱門有四力士、四師子，飾以金銀，加之珠玉，莊嚴煥炳，世所未聞。東西兩門亦皆如之，所可異者，唯樓兩重。北門一道，上不施屋，似烏頭門。四門外，皆樹以青槐，互以綠水，京邑行人，多庇其下。路斷飛塵，不由淅雲之潤；清風送涼，豈籍合歡之發？

不厭其煩地列舉浮圖的高度，寶瓶的容量，金像、寶鐸、金鈴、窗戶的數量，

〔註2〕 林晉士：《洛陽伽藍記的寫景藝術》，《大陸雜誌》第91卷第4期。

〔註3〕 曹虹：《洛陽伽藍記與漢晉辭賦傳統》，《古典文獻研究》第11輯，鳳凰出版社，2008年版。

對各類建築、裝飾的形態、色彩的刻畫達到了鉅細無遺的程度。用語華彩炫目，結構井然有序，是較為典型的漢賦風格。當然，本書非常注意詳略剪裁，並非每個寺廟都以細筆刻畫。永寧寺因其地位重要，故不厭其煩，對另外一些寺廟，則常用參照之法。以「作工之妙，埒美永寧」（瑤光寺條），「佛事莊飾，等於永寧」（秦太上君寺條）之類的簡筆帶過。〔註 4〕以上所舉為刻畫之文，書中的一般敘述部分，同樣富有文採，法雲寺條云：

> （元）或博通典籍，辨慧清悟，風儀詳審，容止可觀。至三元肇慶，萬國齊臻，金蟬曜首，寶玉鳴腰，負荷執笏，逶迤複道，觀者忘疲，莫不歡服。或性愛林泉，又重賓客。至於春風扇揚，花樹如錦，晨食南館，夜遊後園，僚寀成群，俊民滿席。絲桐發響，羽觴流行，詩賦並陳，清言乍起，莫不飲其玄奧，忘其褊郤焉。是以入或室者，謂登僊也。

開善寺條云：

> 當時四海晏清，八荒率職，縹囊紀慶，玉燭調辰，百姓殷阜，年登俗樂。鰥寡不聞犬豕之食，煢獨不見牛馬之衣。於是帝族王侯、外戚公主，擅山海之富，居川林之饒。爭修園宅，互相誇競。崇門豐室，洞戶連房，飛館生風，重樓起霧。高臺芳榭，家家而築；花林曲池，園園而有。莫不桃李夏綠，竹柏冬青。

作者很善於將敘事與寫景融為一體，並以整飭的駢句寫出，這樣富於文學性的筆法，在地志作品中是比較少見的。勿庸置疑，《洛陽伽藍記》「穠麗」的風格發端於漢賦。不過，鋪張華麗的漢大賦，極少有清新秀逸之作。《洛陽伽藍記》如何在穠麗的色彩和細膩的刻畫中兼顧「秀逸」？筆者認為可以從兩方面來理解，其一、書中用語偏於雅潔清麗。景明寺條云：

> 青林垂影，綠水為文，形勝之地，爽塏獨美。山懸堂觀，一千餘間。複殿重房，交疏對霤，青臺紫閣，浮道相通。雖外有四時，而內無寒暑。房檐之外，皆是山池。竹松蘭芷，垂列階墀，含風團露，流香吐馥。寺有三池，萑蒲菱藕，水物生焉。或黃甲紫鱗，出沒於繁藻，或青鳧白雁，浮沉於綠水。碾磑舂簸，皆用水功。伽藍之妙，最得稱首。

〔註 4〕 詳見林文月：《洛陽伽藍記的文學價值》，《中古文學論叢》，第 309～310 頁。林晉士：《洛陽伽藍記的寫景藝術》。

高陽王寺條曰：

> 居止第宅，匹於帝宮。白壁丹楹，窈窕連亘，飛簷反宇，輘輵周通。
> 僮僕六千，妓女五百，隋珠照日，羅衣從風，自漢晉以來，諸王豪
> 侈未之有也。出則鳴騶御道，文物成行，鐃吹響發，笳聲哀轉。入
> 則歌姬舞女，擊築吹笙，絲管迭奏，連宵盡日。其竹林魚池，侔於
> 禁苑，芳草如積，珍木連陰。

我們發現，漢賦中羅列的生僻詞彙，在文中已大為減少，總體用語顯得雅潔
明快。涉及色彩的詞彙均偏清麗，如青、綠、紫、蘭、黃、白。更巧妙的是
色彩的搭配，青與綠、青與紫、黃與紫、青與白、白與丹，給人清新秀麗之
感。楊衒之曾贊楊元慎「清詞麗句」，稱荊州秀才張斐的五言詩有「清拔之
句」，可見他對清麗之風的賞愛。毛晉以「奇思清崎」、《四庫全書簡明目錄》
以「文詞秀逸」評本書。可見「清麗」確是《洛陽伽藍記》風格追求的一個
重要方面。

　　其二、善用句式的變化和描寫對象的轉換，使文章極具流動感。寶光寺
條曰：

> 園中有一海，號「咸池」。葭葵被岸，菱荷覆水，青松翠竹，羅生其
> 旁。京邑士子，至於良辰美日，休沐告歸，徵友命朋，來遊此寺。
> 雷車接軫，羽蓋成陰。或置酒林泉，題詩花圃，折藕浮瓜，以為興
> 適。

景林寺條云：

> 凡此諸海，皆有石竇流於地下，西通穀水，東連陽渠，亦與翟泉相
> 連。若旱魃為害，穀水注之不竭；離畢滂潤，陽穀泄之不盈。至於
> 鱗甲異品，羽毛殊類，濯波浮浪，如似自然也。

楊氏很注意敘寫中的內容轉換，寶光寺條先寫咸池景色，後寫京邑士子結伴
遊覽景象。景林寺條先寫水道通達之狀，次寫旱潦應對之策，後寫鱗甲羽毛
之趣。筆觸轉換頻繁，避免給人以冗沓之感。選詞用字也很講究，景明寺條
之「含風團露，流香吐馥」、寶光寺條之「葭葵被岸，菱荷覆水」、法雲寺條
之「丹素炫彩，金玉垂輝」、景林寺條之「丹檻炫日，繡桷迎風」及「嘉樹夾
牖，芳杜匝階」、大覺寺條之「春風動樹，則蘭開紫葉，秋霜降草，則菊吐黃
花」等，均能很好地寫出景物的動感。從句式上看，多用四字排句，間用四
六，增其變化。如「若旱魃為害，穀水注之不竭；離畢滂潤，陽穀泄之不盈」、

「出則鳴騶御道，……入則歌姬舞女，……」。《序》中之「於是招提櫛比，寶塔駢羅，爭寫天上之姿，競摹山中之影；金剎與靈臺比高，廣殿共阿房等壯。」其中「若」、「或」、「則」、「於是」、「至於」等轉接詞運用自如，達到了很好的效果。以上諸種因素，使本書能成功避免漢賦機械羅列之弊，呈現一種清麗而富有流動性的風格，達到「穠麗」與「秀逸」的統一。

南朝宋鮑照的《蕪城賦》與《洛陽伽藍記・序》一樣，都寫到城市殘破景象，試對比以下兩段文字，《蕪城賦》云：

> 澤葵依井，荒葛罥途。壇羅虺蜮，階鬥麏鼯。木魅山鬼，野鼠城狐。
> 風嗥雨嘯，昏見晨趨。饑鷹厲吻，寒鴟嚇雛。伏虣藏虎，乳血飧膚。
> 崩榛塞路，崢嶸古逵。白楊早落，塞草前衰。稜稜霜氣，蔌蔌風威。
> 孤蓬自振，驚沙坐飛。

《洛陽伽藍記・序》云：

> 武定五年，歲在丁卯，余因行役，重覽洛陽。城郭崩毀，宮室傾覆，寺觀灰燼，廟塔丘墟。牆被蒿艾，巷羅荊棘。野獸穴於荒階，山鳥巢於庭樹。遊兒牧豎，踯躅於九逵；農夫耕老，藝黍於雙闕。麥秀之感，非獨殷墟；黍離之悲，信哉周室！

《蕪城賦》的刻畫細膩具體，窮形盡相，令人毛骨悚然。從文字看，《蕪城賦》對《洛陽伽藍記・序》有一定影響，但楊氏的刻畫顯得更有節制，篇幅更短，點到為止。最後歸結為「麥秀之感」、「黍離之悲」，以情感涵攝狀物，避免了純狀物帶來的可怖之感。這或許可解釋為「穠麗秀逸」的追求使楊氏自覺避免了過度和極端的刻畫。

應該說楊氏對自己的寫作能力是非常自信的。常景、邢邵、溫子昇都是北魏文壇的大手筆，而永寧寺條引常景碑文，僅及「須彌寶殿，兜率淨宮，莫尚於斯也」；景明寺條引邢子才碑文，僅有「俯聞激電，旁屬奔星」；大覺寺也僅引溫子昇碑文「面水背山，左朝右市」二句。考慮到本書好引篇章的特點——名不見經傳的姜質《亭山賦》都被全文引用——楊氏捨棄三位大手筆的碑文，一手包辦寫景文字，體現出他對獨特文風的追求與自信。

二、敘事結構與情感表達

臺灣學者林文月先生將楊衒之的文筆總結為「冷筆」與「熱筆」。〔註5〕

〔註5〕林文月：《洛陽伽藍記的冷筆與熱筆》，《中古文學論叢》。

冷筆寫寺廟及方位，行文冷靜客觀；熱筆發議論寓褒貶，常帶激昂之情。如永寧寺條對禍亂國家的尒朱兆詈爲「蜂目豺聲，行窮梟獍」，情感之激越躍然紙上。熱筆的存在，顯示了楊衒之對北魏歷史的獨特感知與認識，也使此書超越一般的地志，躋身中古文學經典之列。

冷筆與熱筆在《洛陽伽藍記》中固然涇渭分明，但本書的情感並非全出之以熱筆。楊衒之在《序》中記錄武定五年重遊洛陽所見城郭崩毀、宮室傾覆的景象，由此引發的亡國之痛籠罩全書。筆者認爲，作者的故國之思、黍離之悲，常通過一種無形的敘事結構來傳達。

其一、熱鬧與衰敗場面相繼

永寧寺條，在鋪張敘述了永寧寺「殫土木之功，窮造型之巧」的宏偉建制和精妙造型之後，以塔上寶瓶「隨風而落，入地丈餘」爲轉折，引出北魏末年慘烈的權力爭奪和政局更替，將寺廟和國家興衰緊緊聯繫，從「太原王尒朱榮總士馬於此寺」，到「永安三年，逆賊尒朱兆囚莊帝於寺」，再到永熙三年二月浮屠爲火所燒，七月平陽王元修奔於長安依宇文泰，十月京師遷鄴。約三分之二的篇幅用於敘述這段血腥歷史。

大統寺條，在介紹了該寺的建制之後，轉而寫道：「孝昌初，妖賊四侵，州郡失據，朝廷設募征格於堂之北，從戎者拜曠野將軍、偏將軍、裨將軍，當時甲冑之士，號明堂隊」。寺廟本爲清淨之地，如今卻成募軍之所。文中寫樊元寶的奇遇和駱子淵離奇的死亡，是對異象頻現、國家將亂的暗示。

寶光寺條，此寺本以風景優美著稱，「葭葭被岸，菱荷覆水，青松翠竹，羅生其旁」，後來卻成爲隴西王尒朱天光結集軍隊之所：「刺史隴西王尒朱天光摠士馬於此寺。寺門無何都崩，天光見而惡之。其年，天光戰敗，斬於東市也。」

以上敘述結構中，繁華勝景與戰爭動亂共存，時時提醒讀者輝煌赫熠只是洛陽的過去，衰敗殘破才是洛陽的現狀，使得全書充盈一種歷史感，籠罩著一股悲涼之氣。開善寺條云：

> 于時國家殷富，庫藏盈溢，錢絹露積於廊者，不可較數。及太后賜百官負絹，任意自取，朝臣莫不稱力而去。唯融與陳留侯李崇負絹過任，蹶倒傷踝。侍中崔光止取兩匹，太后問：「侍中何少？」對曰：「臣有兩手，唯堪兩匹，所獲多矣。」朝貴服其清廉。

> 經河陰之役，諸元殲盡，王侯第宅，多題爲寺。壽丘里闇，列刹相
> 望，祇洹鬱起，寶塔高凌。四月初八日，京師士女多至河間寺。觀
> 其廊廡綺麗，無不歎息，以爲蓬萊仙室亦不是過。入其後園，見溝
> 瀆寨產，石磴嶕嶢，朱荷出池，綠萍浮水，飛梁跨閣，高樹出雲，
> 咸皆唧唧，雖梁王兔苑想之不如也。

開善寺條眼前之洛陽，與書中記憶中鼎盛時期之洛陽不同。繁華過後，當年
遺留的綺麗廊廡與精緻園林，徒令後人歎息憑弔。京師士女在河間寺所見，
實即此書帶給讀者的感受。

其二、人物的鼎盛與消逝——河陰之變的結構意義

　　全盛時期的洛陽，除城市繁華、列刹相望外，人物亦備極一時之盛。追
先寺條所記之元略，「生而岐嶷，幼則老成。博洽群書，好道不倦」。因避難
至江左，得到蕭衍的器重。爲留住元略，蕭衍不同意用他換回大將江革。北
歸後，元略得到明帝重用，言行舉止皆爲朝野楷模。建義元年薨於河陰，贈
太保，諡曰「文貞」。

　　法雲寺條之元或，「博通典籍，辨慧清悟」，他性愛林泉，廣結賓客，每
至春和日麗之時，宅中俊民滿席，「絲桐發響，羽觴流行，詩賦並陳，清言乍
起」，能參與聚會者，視之爲登僊。及尒朱兆入京師，或被亂兵所害，深爲朝
野所痛惜。

　　高陽王雍貴極人臣，富兼山海。後爲尒朱榮所害。

　　壽陽長公主莒犁，容色美麗，堅貞不屈，後爲尒朱世隆所殺。

　　雖然楊衒之對於王公貴族的奢侈頗有批評，但他們畢竟是構成北魏繁榮
圖景不可或缺的部分，更是洛陽繁華的推助者和見證人。這批人被害後，原
本車馬喧闐的王侯宅邸，多捨爲寺廟，世異時移，人事俱非。主人的遭際不
僅決定了宅子的命運，也預示著國家的興亡。故楊氏在開善寺條發出了「河
陰之役，諸元殲盡」之歎。

其三、塔寺的鼎盛與崩毀——京師遷鄴的結構意義

　　北魏一朝，始終存有遷洛與遷鄴之爭，民間謠讖中也時有體現。〔註6〕如
果說河陰之變在本書微觀敘述結構中，具有打破人物之盛的作用，那麼京師

〔註 6〕　參姜望來：《鄴城謠讖與北朝政治變遷》，《魏晉南北朝隋唐史資料》第 24 輯，
　　　　武漢大學文科學報編輯部。

遷鄴則在大結構上起到否定和歸位的作用。北魏自孝文帝遷都洛陽以來，大力推行漢化政策，經過幾代努力，漸有國勢的強大和文化的自信。楊衒之對南方政權，常以「僞齊」、「吳兒」稱之，《洛陽伽藍記》也正是在此種背景下產生。本書之記敘限域在洛陽，京師遷鄴便意味著這段歷史的終結。

永寧寺條中，楊衒之借菩提達摩「極佛境界，亦未有此」爲該寺之宏麗建築作總結後，接著筆鋒一轉，寫到孝昌二年（526）大風摧屋拔樹，刹上寶瓶隨風而落，一種不祥的氣氛開始蔓延。兩年後，永寧寺成了尒朱榮反叛的聚兵之所，其後便有了慘烈的河陰之變，北魏經歷了由盛轉衰的轉折，寺廟的創建者胡太后亦在事變中罹難。永安三年，莊帝被尒朱兆囚禁於永寧寺，旋被縊死。永熙三年二月，一場大火將九級浮屠夷爲平地，七月，平陽王元修奔長安依宇文泰，十月京師遷鄴，魏分東西。繁華與衰敗接連上演，筆觸在不動聲色中急轉直下。自此而後，「京師遷鄴」成爲本書敘事和結構的歸結點。

如平等寺條以金像的三次異動，預示國家將有重大變故，文末云：「（永熙三年）七月中，帝爲侍中斛斯椿所使，奔於長安。至十月終，而京師遷鄴焉。」

又如永明寺條，該寺爲異國沙門輻輳之地，房廡連亘，花草繁茂。景皓宅前廳佛像每夜行繞坐，「永熙三年秋，忽然自去，莫知所之。其年冬，而京師遷鄴。」

屢屢提及「京師遷鄴」，折射出楊氏強烈的今昔對比之感。此外如景樂寺條寫到該寺歌舞百戲之盛，使觀者目亂精迷。「自建義已後，京師頻有大兵，此戲遂隱也。」也表達了類似的今昔之感。此類文字的存在，造成了語意結構上的對立，將先前建立的繁華場景一一打破，把讀者從幻境拉回到現實，以獨特的方式表達了對故國的懷念與悲歎，正如林文月先生所言：

> 楊衒之在這三段文字之中未羼雜個人對政治動亂的議論，亦不見激昂慷慨之情緒波動形於表面，只在文後再三重複同一句話。身爲北魏亡國之臣，其內心之沉痛不言可喻，「而京師遷鄴」一語，遂如永夜之喃喃，較諸萬端激烈情緒化之語言，更深扣人心矣！〔註7〕

「京師遷鄴」凸現了歷史與現實、繁華與衰敗、洛陽與鄴城諸種因素的結構對立，這句看似冷筆的敘述，實包藏著濃烈的情感因素。

〔註7〕 林文月：《洛陽伽藍記的冷筆與熱筆》，《中古文學論叢》，第287頁。

第二節　《洛陽伽藍記》的淵源

一、參考當代地志

　　楊勇先生在《洛陽伽藍記之旨趣與體例》一文中，引《開元釋教錄》爲例，指出《洛陽伽藍記》並非全由自創，部分內容本於前代舊典：

> 《釋教錄》云：「寺既初成，明帝及太后共登浮圖，視宮中如掌內。
> 下臨雲雨，上天清朗，以見宮中事，故禁人不能登之。」……《伽
> 藍記》有「下臨雲雨，信哉不虛」句，想必衒之先讀如《釋教錄》
> 所載之「下臨雲雨，上天清朗」之本，及與河南尹共登此塔，但覺
> 飄然空際，因有「信哉」之歎；不然，何來「不虛」之感。因知今
> 本《釋教錄》所據者，亦《伽藍記》所據之舊典：《伽藍記》既經衒
> 之潤飾，筆趣雖佳，而斧迹未去，其爲後出之書無疑。〔註8〕

筆者在第一章指出，《開元釋教錄》這段文字是對永寧寺條的隱括，不僅年代上晚於《洛陽伽藍記》，其內容也未超出永寧寺條，以此證明《洛陽伽藍記》在前代舊籍基礎上潤飾而成證據不足。不過楊勇先生的觀點不乏啓發意義，本書對當代典籍確有借鑒。如《序》中之「三墳五典之說，九流百氏之言，並理在人區，而義兼天外」即本於《後漢書·西域傳論》：「神迹詭怪，則理絕人區；感驗明顯，則事出天外」。從地志角度看，與本書類似的著作並不鮮見，曹虹教授指出：

> 以「寺記」或「寺塔記」爲題的著作，並不始於楊衒之的《洛陽伽
> 藍記》。據現有資料，可知最早的書當推佚名《南京寺記》。此書不
> 見於史志著錄，唯唐道世《法苑珠林·妖怪篇》中引錄一段，內容
> 爲記東晉簡文帝咸安二年（公元 372 年）立波提寺原委（見卷三十
> 一）。因文獻不足，成書年代只能約略估計在東晉末期。其後，劉宋
> 靈味寺曇宗撰有《京師寺塔記》二卷（據梁慧皎《高僧傳》卷十三
> 本傳，又卷十四序錄稱曇宗《京師寺記》）；南齊彭城人劉俊撰有《益
> 都寺記》（據《高僧傳》卷十四序錄）。這兩部書也已佚。《隋書·經
> 籍志》予以著錄的劉璆《師寺塔記》十卷錄一卷，《法苑珠林·傳記
> 篇》記作《京師塔寺記》一部二十卷，梁朝尚書兵部郎中兼史學士
> 臣劉璆奉敕撰。此書的成書年代約略與《洛陽伽藍記》不相前後，

〔註 8〕　楊勇：《洛陽伽藍記校箋》，第 259 頁。

所記一南一北，都是空前的佛教名都。〔註9〕

應該說，這類著作對《洛陽伽藍記》的寫作有先導作用。不過，以上所列大多爲南朝地志，未有北朝寺塔記出現。我們從《洛陽伽藍記·序》中交代的寫作緣由、寺廟取捨可知，本書的框架結構當出自楊衒之的自創。

同時我們也注意到，《序》中提到楊衒之武定五年因行役而經洛陽，感念興廢而作本書，創作緣由帶有一定的偶然性。楊氏公務在身，在洛陽停留時間不會太長，專爲本書而作的實地考察可能更少。依常理推斷，本書的寫作很可能在楊氏離洛復命之後。《洛陽伽藍記》短短的篇幅中記錄了有名可考的寺廟 71 所，又載洛陽城內眾多的里坊、街道、河池、苑囿，以及民間風俗、歌謠諺語等。如此多的內容，全憑記憶是不可想像的，必定需要借助於相關地理文獻方可完成。從這個角度來說，楊勇先生的推測有一定道理，楊衒之對當代典籍採取了何種借鑒方式，則是我們所要討論的問題。

首先可以肯定，楊衒之參考了不少當代地理文獻。明懸尼寺條曰：

> 穀水周圍繞城，至建春門外，東入陽渠石橋。橋有四柱，在道南，銘云：「漢陽嘉四年將作大匠馬憲造。」逮我孝昌三年大雨頹橋，南柱始埋沒，道北二柱，至今猶存。衒之案，劉澄之《山川古今記》、戴延之《西征記》並云晉太康元年造，此則失之遠矣。按澄之等並生在江表，未遊中土，假因征役，暫來經過，至於舊事，多非親覽，聞諸道路，便爲穿鑿，誤我後學，日月已甚。

這則考訂與昭儀尼寺條辨「翟泉」方位一起，向來被視爲楊衒之重視實地考察的典範。楊氏批評劉、戴之著作，實際上從反面說明他對地志不乏涉獵。注重文獻記載與實地考察互證，是本書的特點之一。不過，有證據顯示書中並非每處記載都經過實地考察。戴延之《西征記》雖偶有錯誤，但楊衒之在別處對之仍有參考。報德寺條云：

> 開陽門御道東有漢國子學堂，堂前有三種字石經二十五碑，表裏刻之，寫《春秋》、《尚書》二部，作篆、科斗、隸三種字，漢右中郎將蔡邕筆之遺迹也。猶有十八碑，餘皆殘毀。復有石碑四十八枚，亦表裏隸書，寫《周易》、《尚書》、《公羊》、《禮記》四部。又贊學碑一所，並在堂前。魏文帝作《典論》六碑，至太和十七年猶有四碑。高祖題爲勸學里。

〔註9〕　曹虹：《洛陽伽藍記釋譯·源流》，第 329 頁。

《太平御覽》卷五八九引《西征記》云：

> 國子堂前有列碑，南北行三十五枚。刻之表裏，書《春秋經》、《尚書》二部，大篆、隸、科斗三種字。碑長八尺，今有十八枚存，餘皆崩。太學堂前石碑四十枚，亦表裏隸書《尚書》、《周易》、《公羊》、《禮記》四部，本石墉相連，多崩敗。又太學贊碑一所，漢建武中立，時草創未備，永嘉六年，詔下三府繕治。有魏文《典論》六碑，今四存二敗。〔註10〕

《水經注》卷十六云：

> 陸機言，《太學贊》別一碑，在講堂西，下列《石龜碑》，載蔡邕、韓說、堂溪典等名。《太學弟子贊》復一碑，在外門中。今二碑並無。〔註11〕

從文字上看，《洛陽伽藍記》顯係襲自《西征記》。不過楊氏新添了兩處錯誤：其一、他將魏三體石經與漢熹平石經混同。漢熹平石經爲一字石經，蔡邕所書，魏三體石經書者不可考。文中新加的「漢右中郎將蔡邕筆之遺迹也」爲楊氏的想像之辭，《西征記》中沒有。其二、《水經注》所引「陸機言」，當爲《洛陽記》。楊氏此處未參《洛陽記》，以爲贊學碑尚存，實際上在陸機的時代已經不存了。如楊氏做過實地考察，這樣的錯誤應可避免。故周祖謨先生云：「衒之所記皆本之前代所記，非由目驗至明。」〔註12〕另外，《西征記》與《伽藍記》所載碑數不同，當爲傳抄訛誤，否則楊氏當會再指《西征記》之誤，這也是楊氏未經考察的旁證。

　　《洛陽伽藍記》關於「翟泉」位置的考辨，實際上也是受前代地志啓發。《水經注》卷十六引陸機《洛陽記》曰：

> 步廣里在洛陽城內，宮東是翟泉，不得於太倉西南也。〔註13〕

《春秋》杜預注指出翟泉在晉太倉西南，陸機爲什麼又說翟泉不在太倉西南？因《洛陽記》的散佚，我們無法得知具體原因。楊衒之爲我們作了解答，昭儀尼寺條曰：

> 昭儀寺有池，京師學徒謂之翟泉也。衒之按，杜預注《春秋》云翟泉在晉太倉西南。按晉太倉在建春門內，今太倉在東陽門內，此地

〔註10〕　《太平御覽》第3冊，中華書局，1960年版，第2654頁。
〔註11〕　陳橋驛：《水經注校釋》，杭州大學出版社，1999年版，第297頁。
〔註12〕　周祖謨：《洛陽伽藍記校釋》，第122頁。
〔註13〕　《水經注校釋》，第281頁。

今在太倉西南，明非翟泉也。後隱士趙逸云：「此地是晉侍中石崇家
池，池南有綠珠樓。」於是學徒始寤，經過者，想見綠珠之容也。

京師學徒中存有一個誤解，他們據《春秋》杜預注，以爲翟泉在今太倉西南，
實際上杜預注中之太倉爲晉太倉，與今太倉並不是一個地方。昭儀尼寺之泉
並非翟泉，而是石崇家池。楊衒之在景林寺條指出眞正的翟泉所在：

御道北有空地，擬作東宮，晉中朝時太倉處也。太倉西南有翟泉，
周回三里，即《春秋》所謂王子虎晉狐偃盟於翟泉也。

文中楊氏特意強調晉時地名，與昭儀尼寺相呼應。由《洛陽記》所云「不得
於太倉西南也」可知，陸機已對此誤解作過辨析。楊衒之的考辨，當是源於
《洛陽記》。以下例子也可說明本書參照過地志：〔註14〕

（一）《序》云：

東面有三門：北頭第一門，曰「建春門」。漢曰「上東門」。阮籍詩
曰：「步出上東門」，是也。魏、晉曰「建春門」，高祖因而不改。

《文選》卷二十三阮籍《詠懷詩》李善注引晉代《河南郡圖經》曰：

東有三門，最北頭曰上東門。〔註15〕

（二）《序》云：

次北曰「承明門」，……高祖數詣寺與沙門論議，故通此門，而未有
名，世人謂之新門。時王公卿士常迎駕於新門，高祖謂御史中尉李
彪曰：「曹植詩云：謁帝承明廬。此門宜以承明爲稱。」遂名之。

《文選》卷二十四曹植《贈白馬王彪》李善注引陸機《洛陽記》云：

承明門，後宮出入之門，吾常怪「謁帝承明廬」，問張公（華），云：
魏明帝作建始殿，朝會皆由承明門。〔註16〕

（三）長秋寺條云：

長秋寺，劉騰所立也。騰初爲長秋卿，因以爲名。在西陽門內御道
北一里。亦在延年里，即是晉中朝時金市處。

《文選》卷十六潘岳《閑居賦》李善注引陸機《洛陽記》曰：

洛陽凡三市：大市名曰金市。〔註17〕

〔註14〕周祖謨、范祥雍諸先生的校注本，詳細地列出了《洛陽伽藍記》地理文字的
來源，是筆者主要的參考依據，特此說明。

〔註15〕《文選》，中華書局，1977年版，第324頁。

〔註16〕《文選》，第340頁。

〔註17〕《文選》，第225頁。

（四）秦太上公寺條云：

> 靈臺東辟廱，是魏武所立者。

《文選》卷十六潘岳《閑居賦》李善注引陸機《洛陽記》曰：

> 辟廱在靈臺東，相去一里，俱魏武所徙。〔註18〕

（五）凝玄寺條云：

> 洛陽城東北有上商里，殷之頑民所居處也，高祖名聞義里。

陸機《洛陽記》云：

> 上商里在洛陽東北，本殷頑人所居，故曰「上商里」。

例二中，「承明門」的來歷與曹植詩有關，楊衒之未引《洛陽記》中張華的說法，並非未見此書，而是因北魏諸門都均由高祖定名。引高祖之語，既表明楊氏習知「謁帝承明廬」之句，又帶有提示另一種說法，彰顯北魏正統之意。從上引材料可以看出，參考地志是本書寫作的一個重要特點。例三之「即是晉中朝時金市處」語帶印證地志之意。類似的寫法在書中頗為常見，如：建中寺條云：

> 劉騰宅東有太僕寺，寺東有乘黃署，署東有武庫署，即魏相國司馬
> 文王府。

瓔珞寺條云：

> 在建春門外禦道北，所謂建陽里也。即中朝時白社地，董威輦所居處。

法雲寺條云：

> 延伯出師於洛陽城西張方橋，即漢之夕陽亭也。

楊氏時時注意交代地名的沿革，固然可以一般性地解釋為他對地理沿革的熟悉。但從技術上說，也可看成是他在介紹地理的同時參考了相關的史地圖籍。檢《漢唐方志輯佚》，《洛陽伽藍記》寫作之前即已產生的，有關洛陽的地志有《洛陽記》（晉陸機撰）、《洛陽記》（晉華延雋撰）、《洛陽記》（晉楊佺期撰）、《洛陽宮殿簿》、《洛陽宮地記》、《洛陽宮舍記》、《洛陽故宮名》、《洛陽地記》、《河南郡圖經》、《河南十二縣境簿》、《晉中州記》等。洛陽作為東漢、曹魏、西晉、北魏四朝的首都，相關地志數量可能不止這些。雖然這些地志已基本不存，但從後代輯佚可知，它們對洛陽的城市地理沿革有詳細記載。〔註19〕另外，一些互見的地名也為楊氏參考過這些典籍提供了旁證。如

〔註18〕《文選》，第226頁。
〔註19〕參《漢唐方志輯佚》，第34、68～77、337頁。

陸機《洛陽記》提到的國子學、藏冰室、靈臺、辟廱,《洛陽宮舍記》提到的端門,《洛陽宮殿簿》提到的陵雲臺,《河南十二縣境簿》提到的浮橋等,都在《洛陽伽藍記》中出現過,這應該不是巧合。

需要指出的是,《洛陽伽藍記》對於前代典籍的吸取,並不僅限於地志,而是廣泛涉及辭賦、雜史,及其他相關文獻。如建中寺條「萬年千歲之樹」本於葛洪《西京雜記》:「漢上林苑有千年長生樹萬年長生樹」。寶光寺條寫到京師士子結伴遊玩「題詩花圃,折藕浮瓜」,則是化用曹丕《與朝歌令吳質書》:

> 浮甘瓜於清泉,沉朱李於寒水。白日既匿,繼以朗月,同乘並載,
> 以遊後園。

可以肯定,京師士子「題詩花圃,折藕浮瓜」係楊衒之據《與朝歌令吳質書》的推想之辭。而「萬年千歲之樹」原為西京長安之物,亦係虛構。這樣做的深層原因,正在於楊氏所寫並非眼前之洛陽,乃是記憶中全盛時期的洛陽。記憶中的洛陽已在漢晉辭賦等文獻中經典化、文本化了。寺廟宮室之偉、人物品類之盛,只有從前代文本中求取。書中虛構的歷史老人趙逸,每至一處即指晉朝時景象,屢屢得驗,說明楊氏確有這種寫作意圖。《洛陽伽藍記》徵實與虛構並存的特點也可從這個角度解釋。

二、造語本於辭賦

作為一部地志,《洛陽伽藍記》能躋身中古文學名著之列,與其接受漢晉辭賦的影響密不可分。辭賦對於本書的影響是全方位的,首先體現在語言上。漢晉辭賦的描寫手法和遣詞造句,為中國文學積纍了豐富的寫作經驗,成為後代作家學習借鑒的寶藏,《洛陽伽藍記》取資辭賦之處尤多,參下表:

《洛陽伽藍記》	文　　本	文　　本	辭　　賦
序	皇魏受圖,光宅嵩洛。	暨聖武之龍飛,肇受命而光宅。	左思《魏都賦》
	招提櫛比,寶塔駢羅。	夾蓬萊而駢羅。	張衡《西京賦》
	豈直木衣綈繡,土被朱紫而已哉!	木衣綈錦,土被朱紫。	《西京賦》
	麥秀之感,非獨殷墟;黍離之悲,信哉周室!	歎黍離之愍周,悲麥秀於殷墟。	向秀《思舊賦》

永寧寺	繡柱金鋪，駭人心目。	擠玉戶以撼金鋪。	司馬相如《長門賦》
	雕梁粉壁，青璅綺疏。	青瑣丹楹。	左思《吳都賦》
		天窗綺疏。	王逸《魯靈光殿賦》
	栝柏椿松，扶疏簷霤；藂竹香草，布護階墀。	垂條扶疏，落英幡纚。蔣芧青薠，布濩閎澤。	司馬相如《上林賦》
	樹以青槐，亙以綠水。	樹以青槐，亙以綠水。	《吳都賦》
	京邑行人，多庇其下。	疏通溝以濱路，羅青槐以蔭途。	《吳都賦》
	列錢青鎖，赫奕華麗。	金釭銜璧，是爲列錢。	班固《西都賦》
		皎皎白間，離離列錢。	何晏《景福殿賦》
	飾以金銀，加之珠玉，莊嚴煥炳，世所未聞。	瑰異譎詭，燦爛煥炳。	張衡《東京賦》
景興尼寺	作工甚精，難可揚搉。	請爲左右揚搉而陳之。	左思《蜀都賦》
正始寺	子英遊魚於玉質，王喬繫鵠於松枝。	王喬控鶴以沖天。	孫綽《天台山賦》
景寧寺〔註20〕	攢育蟲蟻，疆土瘴癘。	宅土熇暑，封疆瘴癘。	《魏都賦》
	蛙黽共穴，人鳥同群。	吳與鼃黽同穴。	《魏都賦》
	短髮之君，無杼首之貌；文身之民，稟蕞陋之質。	宵貌蕞陋，稟質遳脆，巷無杼首，里罕耆耋。	《魏都賦》
	雖復秦餘漢罪，雜以華音，復閩、楚難言，不可改變。	漢罪流御，秦餘徙列。	《魏都賦》
	咀嚼菱藕，捃拾雞頭。	唼喋菁藻，咀嚼菱藕。	《上林賦》
	隨波泝浪，噞喁沉浮。	泝洄順流，噞喁沉浮。	《吳都賦》
	白苧起舞，揚波發謳。	紵衣絺服，雜沓傱萃。	《吳都賦》
景明寺	車騎填咽，繁衍相傾。	冠蓋雲蔭，閭閻闐噎。	《吳都賦》
		輿輦雜沓，冠帶混並。累轂疊迹，叛衍相傾。	《蜀都賦》
	複殿重房，交疏對霤，青臺紫閣，浮道相通。	玉堂對霤，石室相距。	《吳都賦》
	黃甲紫鱗，出沒於蘩藻。	觴以清醥，鮮以紫鱗。	《蜀都賦》

〔註20〕景寧寺條諸例，雖出自楊元慎之口，但引經據典，完全不像是口語，應該不是當時的現場對答，很有可能是楊衒之爲彰顯北魏正統地位而代楊元慎所作的「清詞麗句」。林文月先生也認爲這節文字「大有問題」，參林文月：《洛陽伽藍記的冷筆與熱筆》，《中古文學論叢》，第284頁。

高陽王寺	飛簷反宇，輗轄周通	反宇業業，飛簷轍轍。	《東京賦》
寶光寺	雷車接軫，羽蓋成陰。	車馬雷駭，轟轟閴閴。	《蜀都賦》
開善寺	溝瀆蹇產，石磴礁嶢。	振溪通谷，蹇產溝瀆。	《上林賦》
		閶闔之內，別風嶕嶢。	《西京賦》
大覺寺	神皐顯敞，實爲勝地。	實惟地之奧區神皐。	《西京賦》
長秋寺	吞刀吐火，騰驤一面。彩幢上索，詭譎不常。	跳丸劍之揮霍，走索上而相逢。吞刀吐火，雲霧杳冥。	《西京賦》
景樂寺	奇禽怪獸，舞抃殿庭，飛空幻惑，世所未睹。異端奇術，總萃其中。		
	舞袖徐轉，絲管寥亮，諧妙入神。	彈箏奮逸響，新聲妙入神。	《古詩十九首》
		新聲慘亮，何其偉也！	嵇康《琴賦》
瑤光寺	刻石爲鯨魚，背負釣臺，既如從地踊出，又似空中飛下。	鯨魚失流而蹉跎。	《西京賦》
	仙掌凌虛，鐸垂雲表。	抗仙掌以承露，擢雙立之金莖。	《西都賦》
願會寺	柯葉傍布，形如羽蓋。	羽蓋威蕤。	《東京賦》
景林寺	飛閣相通，凌山跨谷。	飛閣神行，莫我能形。	《東京賦》

　　賦是兩漢文壇的主流文體，也是文學家創作的重點所在，探討《洛陽伽藍記》的文學性，須從賦尤其是京都賦中尋找源頭。楊衒之以洛陽爲記敘對象，洛陽是京都賦最常寫的城市之一；京都賦鋪寫宮室建築，《洛陽伽藍記》亦寫寺廟建築，後者參照前者是很自然的事。西漢末年揚雄作《蜀都賦》，開京都賦創作先河。東漢初年的遷都之爭，大大促進了京都賦的創作。從上表可見，兩漢至三國以來著名的京都賦，如班固《兩都賦》、張衡《二京賦》、左思《三都賦》都是本書取資的重要對象。我們知道，京都賦以鋪張宏麗的描寫宣揚帝都正統觀念，對所寫城市懷有無可辯駁的推崇感。巧的是《兩都賦》、《二京賦》均有推崇洛陽爲正都的主題，班固《兩都賦・序》云：

> 臣竊見海內清平，朝廷無事，京師修宮室，濬城隍，起苑囿，以備制度。西土耆老，咸懷怨思，冀上之眷顧，而盛稱長安舊制，有陋雒邑之議。故臣作《兩都賦》，以極眾人之所眩曜，折以今之法度。

班固作《二京賦》，在藝術和主題上都有對《兩都賦》的模擬。通過憑虛公子和安處先生的對答，描繪了東都洛陽的盛況，稱頌東京興盛而不流於奢侈，正與楊衒之懷念洛陽之情相符。而楊氏每每在文末哀歎京師遷鄴，也可能與京都賦強烈的帝京中心色彩有某種關聯。〔註21〕

同時要指出的是，楊衒之對於京都賦的吸收，並非機械生硬。其間出現的兩個變化值得注意，其一、楊氏放棄了京都賦鴻篇巨製的形式，出之以短章精製，唯一較長的描寫是永寧寺條，可以看作是作者樹立的一杆標尺，此後多以參照的形式（如「作工之妙，埒美永寧」）寫出，避繁就簡之意明顯。其二、賦發展到魏晉時期，不僅篇幅由長而短，用詞也向文從字順靠攏。楊氏有選擇地吸取漢賦的描寫語彙，避開生僻語詞，形成穠麗秀逸的風格。從這點上說，《洛陽伽藍記》的寫景部分和漢魏六朝賦的發展趨勢頗為一致。

另外，本書也善於吸取漢晉賦家的其他作品，如永寧寺條「清風送涼，豈籍合歡之發」，本於班婕妤《怨歌行》：「新裂齊紈素，皎潔如霜雪。裁為合歡扇，團團似明月。出入君懷袖，動搖微風發」。法雲寺條「季夏六月，時暑赫晞」，本於潘岳《在懷縣作》「初伏啓新節，隆暑方赫羲」。書中也常引《文選・古詩十九首》，如《序》「王侯貴臣，棄象馬如脫屣；庶士豪家，捨資財若遺迹」，係化用《古詩十九首》之「不念攜手好，棄我如遺迹」。沖覺寺條引用古詩「西北有高樓，上與浮雲齊」等，這些都體現了楊衒之轉益多師的文學態度。

三、「以賦為心」的創作理念

司馬相如說：「賦家之心，苞括宇宙，總覽人物。」梁代蕭子顯以「體兼眾製，文備多方」為賦的文體追求。〔註22〕這些概括說明了賦體從思想內容、體裁形制到創作理念的多維化特點。賦的創作理念對《洛陽伽藍記》的寫作影響巨深。這首先可從《序》中看出。徐丹麗將魏晉六朝賦序概括

〔註21〕京都賦和國家一統觀有密切聯繫，如許結先生在《論漢賦的地理情懷與方志價值》中說：「漢大賦突出京都兼述帝國圖域的文學模式，源自秦漢以京都為核心的大一統文化的國家觀念的形成。」《賦體文學的文化闡釋》，中華書局，2005 年版，第 149 頁。

〔註22〕曹虹：《從賦體的多元特徵看辯證的文體論思想之產生》，對蕭子顯此說有詳論。《中國辭賦源流綜論》，中華書局，2005 年版。

為七種類型，〔註23〕觀《洛陽伽藍記·序》，可以發現其中綜合運用了第一種
「……年……（某事）乃作……賦」，第二種「昔……今」和第四種「覽……
有懷……」。感念興廢是本書創作的根本動因，正如謝靈運《歸途賦·序》所
云：「昔文章之士，多作行旅賦，或欣在觀國，或怵在斥徒，或述職邦邑，或
羈役戍陣。事由於外，興不自己。」由此可見，《洛陽伽藍記》的創作緣由遠
地志而近於賦。

京都大賦對方位的經營極具匠心，程章燦先生指出：「京都宮殿大賦以橫
向的、空間的順序展開，在場景變換中寓有時世的推移，整個敘述結構有如
一排似斷實續的屏風。」〔註24〕這種方位意識對本書的寫作影響很大。從大
的結構上說，本書按方位次序分為城內、城東、城南、城西、城北五卷。微
觀結構上說，永寧寺條對於方位的敘述，也極有條理。先寫九級浮圖，浮圖
每級四角，每角懸有金鐸，四面皆有窗，扉上各有五行金鈴。接著依次介
紹佛殿、佛像、僧房，其間偶爾用鋪陳筆法敘寫僧房樓觀之景，顯得繁麗而
有序。

賦體虛實並存的特點，也對《洛陽伽藍記》很有影響。從實的方面講，
賦本身具有地理和類書的雙重特點，清人陸次雲說：「漢當秦火之餘，典故殘
缺，故博雅之屬，輯其山川名物，著而為賦，以代志乘」。〔註25〕袁枚《隨園
詩話》云：

> 古無類書，無志書，又無字彙，故《三都》《兩京》賦，言木則若
> 干，言鳥則若干，必待搜輯群書，廣採風土，然後成文。果能才藻
> 富豔，便傾動一時。洛陽所以紙貴者，直是家置一本，當類書郡志
> 讀耳。故成之亦須十年五年。今類書字彙，無所不備，使左思生於
> 今日，必不作此種賦。即作之，不過翻摘故紙，一二日可成。而抄
> 誦之者，亦無有也。今人作詩賦，而好用雜事僻韻，以多為貴者，
> 誤矣。〔註26〕

《洛陽伽藍記》中不少地名在《東京賦》等與洛陽有關的賦篇中常有出現。

〔註23〕 徐丹麗：《魏晉六朝賦序簡論》，《古典文獻研究》第7輯，鳳凰出版社，2004
年版。

〔註24〕 程章燦：《魏晉南北朝賦史》，江蘇古籍出版社，2001年版，第180頁。

〔註25〕 陸次云：《北墅緒言》卷四，康熙二十二年宛羽齋刊本。

〔註26〕 袁枚：《隨園詩話》卷一，江蘇廣陵古籍刻印社，1998年版，第4～5頁。

地　名	《洛陽伽藍記》	賦
勾盾署	建春門內御道南有勾盾、典農、籍田三署。（景林寺）	奇珍異果，鈎盾所職。（《東京賦》）
濯龍園	在城西，即漢之濯龍園也。（崇虛寺）	濯龍芳林，九谷八溪。（《東京賦》）
大　谷	有大谷含消梨。（報德寺）	盟津達其後，太谷通其前。（《東京賦》）張公大谷之梨。（《閑居賦》）
靈臺辟雍	寺東有靈臺一所，基址雖頹，猶高五丈餘。……靈臺東辟雍，是魏武所立者。（秦太上公二寺）金剎與靈臺比高。（序）	浮梁黝以徑度，靈臺傑其高峙。……其（靈臺）東則有明堂辟雍，清穆敞閒。（《閑居賦》）
三道九軌	門有三道，所謂九軌。（序）	經途九軌，城隅九雉。（《東京賦》）
洛　川	登之遠望，目極洛川。（瑤光寺）	余朝京師，還濟洛川。（《洛神賦》）

上表中「靈臺」、「辟雍」，《洛陽伽藍記》與《閑居賦》的寫法近似，寫靈臺均突出其高，皆以靈臺為基點寫辟雍位置，說明楊氏很可能參照過《閑居賦》。京都賦作為一座城市的文學存在方式，其對城市地名的揄揚，往往能使後者逐步經典化。雖然不能一一證實《洛陽伽藍記》中的這些地名均源於漢賦，但不可否認，楊氏在吸取漢賦語言的同時，對賦中提及的地名不會完全漠視。楊氏在寫作中常注意所記地理與經典文本的核驗，如大覺寺條云：「廣平王懷捨宅立也，在融覺寺西一里許。北瞻芒嶺，南眺洛汭，東望宮闕，西顧旗亭，禪皋顯敞，實為勝地。是以溫子昇碑云：『面水背山，左朝右市』是也。」溫子昇碑實可看作辭賦一類的文字。京都賦所記地理基本都可考實，其對地志亦不乏參考價值。何沛雄先生指出，京都賦的徵實性有助於方志的修撰：

> 一般讀者，多以為漢賦是「虛詞濫說」、「靡麗多誇」，其實，賦的種類很多，其中以「京都」一類，率皆言之有據，特別是史學家班固所寫的《兩都賦》和精於典實的張衡所寫的《二京賦》，可作地方志看，很有歷史價值。〔註27〕

《三輔黃圖》、《長安志》都引用《西都賦》和《西京賦》的原文凡8次及15次之多，而《洛陽縣志》也引用《東都賦》和《東京賦》

<hr>

〔註27〕何沛雄：《從〈兩都賦〉和〈二京賦〉看漢代的長安與洛陽》，載《慶祝饒宗頤教授七十五歲論文集》，香港中文大學中國文化研究所，1993年版，第146頁。

的原文。〔註28〕

京都賦能成爲後代地志的取資對象，緣於其本身創作態度的嚴謹。其中尤以
左思爲代表，《三都賦‧序》云：

> 相如賦《上林》，而引「盧橘夏熟」；楊雄賦《甘泉》，而陳「玉樹青
> 蔥」；班固賦《西都》，而歎以出比目；張衡賦《西京》而述以遊海
> 若。假稱珍怪，以爲潤色。若斯之類，匪啻於茲。考之果木，則生
> 非其壤；校之神物，則出非其所。於辭則易爲藻飾，於義則虛而無
> 徵。……余既思摹《二京》而賦《三都》，其山川城邑，則稽之地圖；
> 其鳥獸草木，則驗之方志。風謠歌舞，各附其俗；魁梧長者，莫非
> 其舊。

周勳初先生在《左思〈三都賦〉成功經驗之探討》和《魏晉南北朝時期科技
發展對文學的影響》二文中認爲，左思的這種徵實態度，是《三都賦》成功
的重要原因。〔註29〕不過，賦畢竟不是地志，《三都賦》實際上也存在虛構成
分，錢鍾書先生引何焯、張世南之說，指出《三都賦》中有記事不實之處。
〔註30〕周勳初先生也指出，宋代開始即有學者指出，左思雖指責前代賦家
「侈言無驗」，但自己未能免於此弊。〔註31〕同時，周先生認爲京都賦的誇飾
應作具體分析：

> 京都宮殿賦的內容與苑獵賦有所不同。因爲描摹的對象較爲具體，
> 雖加誇飾，終有一定限度；不像苑獵賦的內容寬泛，輔之以想像，
> 出之以極度的誇張。〔註32〕

這個思路也可用來分析京都宮殿賦本身，即賦中涉及地理、建築、名物等內
容，徵實性較強。〔註33〕涉及人物活動的內容，則帶有虛構。錢鍾書先生說：
「辭賦之逸思放言與志乘之愼稽詳考，各有所主，欲『美物依本，贊事本實』，

〔註28〕 何沛雄：《〈兩都賦〉和〈二京賦〉的歷史價值》，《文史哲》，1990 年第 5
期。

〔註29〕 周勳初：《左思〈三都賦〉成功經驗之探討》，《魏晉南北朝時期科技發展對
文學的影響》，載《周勳初文集》第 3 冊，江蘇古籍出版社，2000 年版。

〔註30〕 參錢鍾書：《管錐編》第 3 冊，中華書局，1979 年版，第 1152 頁。

〔註31〕 《周勳初文集》第 3 冊，第 277 頁。

〔註32〕 同上注，第 274 頁。

〔註33〕 關於京都賦中名物的可信性，可參蔡輝龍：《張衡〈兩京賦〉所見動植物之考
實》，《第三屆國際辭賦學學術研討會論文集》，國立政治大學文學院編輯發
行，1996 年版。

一身兩任，殊非易事」。〔註34〕京都賦在描繪宮室建築的基礎上，必然要「逸思放言」，想像人物活動和氣氛景觀，誇飾之處在所難免。對於《洛陽伽藍記》中的虛與實，也應作如是看。

徵實的一面，上文已談到本書在具體地點和文本上對地志的參考。這裏要補充的是，《洛陽伽藍記》整體地理格局的敘述，也頗得益於地志。後人能據本書考訂出漢魏洛陽城四周長寬度，〔註35〕與當時製圖法的進步有很大關係，周勳初先生指出：

> 隨著人們地理知識的提高，製圖學也有了巨大的發展。《晉書》卷三十五《裴秀傳》詳記其作《禹貢地域圖》十八篇，且敘其「製圖之體有六」，後人以爲「矩形網格製圖法，至少在裴秀那個時代就已開始出現了」。其時全國各地區的方位，差不多都有地圖顯示。〔註36〕

據李約瑟《中國科學技術史》的概括，裴秀的「製圖之體有六」，包括(1)分度（分率），即比例尺，(2)畫矩形網格，(3)步測三角形的邊長，(4)測量高低，(5)測量直角和銳角，(6)測量曲線和直線。〔註37〕其中比例尺的運用和地點的標示，對於《洛陽伽藍記》的地理敘述參考價值尤大，如《洛陽伽藍記》第五卷所云：

> 京師東西二十里，南北十五里，戶十萬九千餘。廟社宮室府曹以外，方三百步爲一里，里開四門，門置里正二人，吏四人，門士八人，合有二百二十里。寺有一千三百六十七所。

這段話應該是參考地圖基礎上作的介紹。檢《漢唐方志輯佚》目錄，南北朝之前，地志之名以「某州記」、「某地記」爲主。漢代出現過《巴蜀圖經》、《廣陵郡圖經》等零星幾部以「圖經」命名的地志。南北朝之後，圖經類地志大量湧現，《隋志》載有「《諸州圖經集》一百卷」，可見製圖法的發展對圖經繁榮的推動。〔註38〕孫星衍在《三輔黃圖》輯本序中說「舊書有圖」，可見以圖

〔註34〕 《管錐編》第3冊，第1152頁。

〔註35〕 參本書第三章第一節注釋所列各家所製洛陽城復原圖的論文。

〔註36〕 《周勳初文集》第3冊，第276頁。同時周先生在注釋中提示，李約瑟《中國科學技術史》第五卷《地學》第一分冊第二十二章《地圖學和製圖學》四、《東方和西方的定量製圖學》〔五〕《科學的製圖學：從未中斷過的中國網格法製圖傳統》對此問題有詳細討論。

〔註37〕 李約瑟：《中國科學技術史》第五卷《地學》第一分冊，科學出版社，1976年版，第110～111頁。

〔註38〕 現存圖經文獻的原始面貌可參李正宇：《古本敦煌鄉土志八種箋證》，甘肅人

配書漢代即已出現。〔註39〕《三輔黃圖》的目錄，涉及城門、宮殿、苑囿、池苕、臺榭、辟廱、明堂、太學、宗廟、署、閣、庫等，非常詳細。《洛陽伽藍記》為人所稱道的方位感，如書中常見「東有……，西有……，南有……，北有……」，很可能是依據地理圖籍展開的敘述。

　　相比於地理書寫可以圖籍為參照，記人物活動可參資料就少得多。北魏禁止私人修史，私家史籍極少，具體到洛陽城內宮室寺觀的人物活動，稽考更難。如元懌與元彧均好賓客，沖覺寺條云：

> 樓下有儒林館、延賓堂，形制並如清暑殿。土山釣池，冠於當世。斜峰入牖，曲沼環堂，樹響飛嚶，階叢花藥。懌愛賓客，重文藻，海內才子，莫不輻輳。府僚臣佐，並選儁民。至於清晨明景，騁望南臺，珍羞具設，琴笙並奏，芳醴盈罍，佳賓滿席。使梁王愧兔園之遊，陳思慚雀臺之讌。

法雲寺條云：

> 或博通典籍，辨慧清悟，風儀詳審，容止可觀。至三元肇慶，萬國齊臻，金蟬曜首，寶玉鳴腰，負荷執笏，逶迤複道，觀者忘疲，莫不歎服。彧性愛林泉，又重賓客。至於春風扇揚，花樹如錦，晨食南館，夜遊後園，僚案成群，俊民滿席。絲桐發響，羽觴流行，詩賦並陳，清言乍起，莫不飲（領）其玄奧，忘其褊郄（悋）焉。是以入彧室者，謂登僊也。

主客宴飲作樂，是漢賦中常有的虛構內容。這兩條大同小異的文字當出於楊氏的推想，由於本事並無太大區別，加上楊氏造語用事的典雅化，使內容更類似於一般性描寫而非記事。另外，書中以歷史老人身份出現的趙逸，景寧寺條楊元慎與陳慶之的對答，也都應看作楊氏的虛構之語。這可能也受到了漢賦的某種影響，尤其是楊、陳之間的對答，與漢大賦虛構兩位觀點對立者，以誇耀地域對答爭勝的寫法頗為接近。

　　綜上所述，書中的洛陽，是楊衒之依據當代地志、漢晉辭賦等典籍重新構建的一座存在於記憶中的城市。其中辭賦的影響兼及《洛陽伽藍記》地

民出版社，2008 年版。

〔註39〕關於《三輔黃圖》的年代存有爭議，孫星衍認為是漢末人所作，陳橋驛先生亦因如淳注《漢書》已引此書，同意孫說，本書從之。參陳橋驛：《〈圖經〉在我國方志史中的重要地位》，《陳橋驛方志論集》，杭州大學出版社，1997年版，第 69 頁。

理與文學兩部分內容,因此,「以賦爲心」在一定程度上可以涵蓋本書的寫作理念。

第三節 南北文學背景中的《洛陽伽藍記》

一、對南朝文學的矛盾心理

《北齊書‧杜弼傳》載高歡語杜弼云:

> 江東有一吳兒老翁蕭衍,專事衣冠禮樂,中原士大夫望之以爲正朔所在。

《洛陽伽藍記》景寧寺條云:

> 慶之還奔蕭衍,用爲司州刺史,欽重北人,特異於常。朱异怪復問之。曰:「自晉、宋以來,號洛陽爲荒土,此中謂長江以北,盡是夷狄。昨至洛陽,始知衣冠士族並在中原,禮儀富盛,人物殷阜,目所不識,口不能傳。所謂帝京翼翼,四方之則,如登泰山者卑培塿,涉江海者小湘、沅。北人安可不重?」慶之因此羽儀服式悉如魏法,江表士庶,競相模楷,褒衣博帶,被及秣陵。

這兩條看似矛盾的記載,其實不難理解。前文已指出,景寧寺條楊元愼與陳慶之事,是楊衒之爲爭奪正統而編造的詆毀之辭。高歡對蕭衍的忌憚,則是北朝統治者文化自信不足的眞實心理反映。永嘉之亂,衣冠禮義南渡,南方成爲正朔所在,加之南方政權更迭造成的戰亂相對更少,其文化得到較快發展。單以書籍而言,顏之推云「北方墳籍,少於江東三分之一」,可見北方遠少於南方。孝文帝遷洛後,曾有向南求書之舉。當時雖然南北政治對立,但文化交流並未停滯,雲遊的僧侶、〔註 40〕政府間的使者、戰爭中的俘虜,都起著文化交流使者的作用。不過這種交流並不均衡,以北方學習南方爲主,在文學領域尤其明顯。《北史‧元文遙傳》:

> 文遙敏慧夙成,濟陰王暉業每云:「此子王佐才也。」暉業常大會賓客,時有人將《何遜集》初入洛,諸賢皆讚賞之。召河間邢邵試命文遙誦之,幾遍可得。文遙一覽便誦,時年始十餘歲。

《南史‧薛道衡傳》載王融與北魏使者房景高、宋弁的一段問答:

〔註 40〕 參劉躍進:《六朝的僧侶:文化交流的特殊使者》,《中國社會科學》,2004 年第 5 期。

上以融才辯，使兼主客，接魏使房景高、宋弁。弁見融年少，問：「主客年幾？」融曰：「五十之年，久逾其半。」景高又云：「在北聞主客《曲水詩序》勝延年，實願一見。」融乃示之。

《北齊書·祖珽傳》云：

州客至，請賣《華林遍略》，文襄多集書人，一日一夜寫畢，退其本曰：「不須也。」珽以《遍略》數秩質錢樗蒲，文襄杖之四十。

《何遜集》和《華林遍略》，一爲別集，一爲類書，均從南方傳來，當時南方文學書籍傳入北方相當普遍，沈約、任昉等著名文人的別集在北方相當流行。房景高向王融索要《曲水詩序》，說明北朝士人對南方文壇創作的關注。不過，北方吸收南方文學長處的同時，也出現了不同的聲音。《周書·柳慶傳》云：

時北雍州獻白鹿，群臣欲草表陳賀。尚書蘇綽謂慶曰：「近代以來，文章華靡，逮於江左，彌復輕薄。洛陽後進，祖述不已。」

《北史·王憲傳》載《王昕削爵詔》云：

僞賞賓郎之味，好詠輕薄之篇，自謂模擬傖楚，曲盡風制。推此爲長，餘何足取。此而不繩，後將焉肅？在身官爵，宜從削奪。」

「傖楚」有多種含義，這裏是指北方人對南方人的蔑稱。余嘉錫云：「夫以賓郎消食、及詠齊、梁體詩，皆吳下風氣，而橫被高洋罵爲傖楚。」〔註41〕從蘇綽「洛陽後進，祖述不已」來看，北朝文士學習南方已蔚爲風氣。但在上層統治者看來，文化之高下與禮義正朔之所在相關，故對此種風氣不以爲然。不過，上層保守派無力阻止南方文風的蔓延，蘇綽模擬《尚書》所作的《大誥》，最終被證明是一次逆潮流而動的失敗嘗試。值得注意的是，北朝文士雖然學習南方，但在人前非常忌諱此事。《北齊書·魏收傳》云：

收每議陋邢邵文。邵又云：「江南任昉，文體本疏，魏收非直模擬，亦大偷竊。」收聞乃曰：「伊常於《沈約集》中作賊，何意道我偷任昉。」任、沈俱有重名，邢、魏各有所好。

魏收、邢邵都是北地著名才士，似乎名氣越大的文人，越忌諱此點。雖然邢邵詆毀任昉「文體本疏」，但從現存魏收、邢邵的詩作看，他們確實受到了南方文壇深刻的影響。從表面上看，《洛陽伽藍記》似以繼承漢晉辭賦爲主，較少看到南方文學尤其是齊梁文學聲色雕繢的特點，不過，這並不意味著楊氏

〔註41〕余嘉錫：《說傖楚》，《歷史語言研究所集刊》第二十本下冊。

排斥學習南方，曹道衡先生認爲：

> 楊衒之對南朝人的著作還是很熟悉的，《洛陽伽藍記》中一些情
> 節，似皆取自南人著作。如前面提到閻羅王處理幾個僧人的事，情
> 節就和《幽明錄》、《冥祥記》類似。又卷三記孝昌初樊元寶得假還
> 京師，爲同營人駱子淵傳書故事，據云駱子淵即洛水之神，其部分
> 情節和《搜神記》中胡母班爲泰山府君傳書與女婿河伯故事相近。
> 〔註42〕

此外，曹先生還指出菩提寺條沙門達多事，與《三國志·明帝紀》裴注引《世
語》相同。高陽王寺條李元祐以諧音嘲笑李崇事，本於《南齊書·庾杲之傳》。
同條記潘崇和語：「汝穎之士利如錐，燕趙之士鈍如錘。信非虛言也」，本於
東晉王隱《晉書》。這些都說明楊衒之對東晉以來南方人著作的熟悉。〔註43〕
筆者要補充的是，楊衒之對於梁代蕭統所編《文選》尤爲熟悉。對本書深有
影響的司馬相如、班固、張衡、左思、潘岳等人的賦作，均收於《文選》。蕭
統編《文選》有推重京都大賦的傾向，〔註44〕《洛陽伽藍記》借鑒最多的也
是京都賦。書中所引、所用《古詩十九首》、班婕妤《怨歌行》、曹丕《與朝
歌令吳質書》等，也均見於《文選》。可以說《文選》是《洛陽伽藍記》文學
成就的文本淵源。此外，《洛陽伽藍記》所錄之常景《汎頌》、姜質《庭山賦》
等文，造語用事亦多本於《文選》辭賦。窺一斑而知全豹，《文選》對北朝文
學的影響應引起我們的重視。綜合考量，楊衒之與北朝其他作家一樣，對南
方文學是持取資借鑒態度的。不過，因爲南北對立的政治形態，使得文學評
論也受到影響，楊氏蔑稱南人爲「吳兒」，對南方文人自然少有敬語。直接反
映楊氏這種矛盾心態的，是他在襲用戴延之《西征記》的同時，又嚴屬批評
其「多非親覽，聞諸道路，便爲穿鑿，誤我後學，日月已甚。」曹道衡先生
《試論北朝文學》一文云：

> 北魏末年和北齊時，北方確有一些人認爲自己的文人超過了南朝。
> 如《魏書·文苑·溫子昇傳》：「蕭衍使張皋寫子昇文筆，傳於江外。
> 衍稱之曰：『曹植、陸機復生於北土。恨我辭人，數窮百六。』陽夏

〔註42〕 曹道衡：《關於楊衒之和〈洛陽伽藍記〉的幾個問題》，《文學遺產》，2001 年
　　　　第 3 期。

〔註43〕 同上注。

〔註44〕 參傅剛：《從〈文選〉選賦看蕭統的賦文學觀》，《北京大學學報》，2000 年第
　　　　1 期。

太守傅標使吐谷渾，見其國主床頭有書數卷，乃是子昇文也。濟陰王（元）暉業嘗云：『江左文人，宋有顏延之、謝靈運，梁有沈約、任昉，我子昇足以陵顏轢謝，舍任吐沈。』」《顏氏家訓‧文章》更載有北齊盧詢祖曾譏笑梁代詩人王籍《入若耶溪》詩中「蟬噪林欲靜，鳥鳴山更幽」二句，說「此不成語」；據說魏收亦有此看法。同書還說由梁入北齊的蕭慤「芙蓉露下落，楊柳月中疏」之句，也不爲時人所喜。可見北齊文人中有一部分自視甚高，看不起南朝的情況是存在的。〔註45〕

不過，曹道衡先生隨即指出，「這種看法實在有些誇張過度。」〔註46〕北朝士人對溫子昇的標榜和對王籍詩的貶低，折射出他們在這方面敏感的神經，即他們絕不願承認在文學上比南朝差。正如林文月先生所指出的，楊衒之描寫南人與北人會談場合的文字，總不免有尖酸、挑剔、嘲弄、漫罵之嫌，「究其原因，蓋出於一種自大而又自卑的矛盾心理」，〔註47〕由此可見楊衒之的心態與北朝文壇主流觀念頗爲一致。

二、北朝文學的資料庫

《洛陽伽藍記》內容的豐富性向爲研究者所稱道，從文學角度看也是如此。首先我們從正始寺條所錄姜質《庭山賦》談起。本條寫到司農張倫造景陽山，風景秀美，有若自然。天水人姜質，有逸民之操，見倫山愛之，作《庭山賦》曰：

> 今偏重者，愛昔先民之重由樸由純，然則純樸之體，與造化而梁津。濠上之客，柱下之史，悟無爲以明心，託自然以圖志。輒以山水爲富，不以章甫爲貴。任性浮沉，若淡兮無味。今司農張氏，實蹈其人，巨量煥於物表，天矯洞達其眞，青松未勝其潔，白玉不比其珍。心託空而棲有，情入古以如新。既不專流宕，又不偏華尚，卜居動靜之間，不以山水爲忘，庭起半丘半壑，聽以目達心想。進不入聲榮，退不爲隱放。爾乃決石通泉，拔嶺岩前，斜與危雲等並，旁與曲棟相連。下天津之高霧，納滄海之遠煙，纖列之狀如一

〔註45〕 曹道衡：《試論北朝文學》，《中古文學史論集》，中華書局，2002 年版，第 89 頁。

〔註46〕 同上注。

〔註47〕 林文月：《中古文學論叢》，第 294 頁。

古，崩剝之勢似千年。若乃絕嶺懸坡，蹭蹬蹉跎，泉水紆徐如浪
峭，山石高下復危多。五尋百拔，十步千過，則知巫山弗及，未審
蓬萊如何。其中煙花露草，或傾或倒，霜幹風枝，半聳半垂，玉葉
金莖，散滿階坪。然目之綺，裂鼻之馨，既共陽春等茂，復與白雪
齊清。或言神明之骨，陰陽之精，天地未覺生此，異人焉識其名。
羽徒紛泊，色雜蒼黃，綠頭紫頰，好翠連芳，白鶴生於異縣，丹足
出自他鄉。皆遠來以臻此，藉水木以翱翔。不憶春於沙漠，遂忘秋
於高陽。非斯人之感至，伺候鳥之迷方？豈下俗之所務，入神怪之
異趣。能造者其必詩，敢往者無不賦。或就饒風之地，或入多雲之
處。□菊嶺與梅岑，隨春秋之所悟。遠爲神仙所賞，近爲朝士所
知，求解脱於服佩，預參次於山陲。子英遊魚於玉質，王喬繫鵠於
松枝，方丈不足以妙□，詠歌此處態多奇。嗣宗聞之動魄，叔夜聽
此驚魂。恨不能鑽地一出，醉此山門。別有王孫公子，遜遁容儀，
思山念水，命駕相隨。逢岑愛曲，值石陵歆。庭爲仁智之田，故能
種此石山。森羅兮草木，長育兮風煙。孤松既能卻老，半石亦可留
年。若不坐臥兮於其側，春夏兮其遊陟。白骨兮徒自朽，方寸心兮
何所憶？」

姜質，史書無傳，《魏書·成淹傳》云：「（淹）子霄，字景鸞。亦學涉，好爲
文詠，但詞彩不倫，率多鄙俗。與河東姜質等朋遊相好，詩賦間起。知音之
士，共所嗤笑，閭巷淺識，頌諷成群，乃至大行於世。」從《庭山賦》來
看，姜質的作品確實顯得生澀稚拙，賦中狀物、抒情、說理結合得有些生
硬。從造語看，如「恨不能鑽地一出，醉此山門」之語，確有鄙俗之弊病。
「泉水紆徐如浪峭，山石高下復危多」，「則知巫山弗及，未審蓬萊如何」之
類的句子，顯得很不成熟。試圖表達閑逸之情的句子，如「煙花露草，或傾
或倒，霜幹風枝，半聳半垂」，又帶點滑稽意味。與同類名作如《小園賦》
相較，高下立判。姜質的作品在當時就頗受嘲笑，《顏氏家訓集解》卷四云：
「近在并州，有一士族，好爲可笑詩賦。」王利器先生指出，此人就是姜
質。〔註48〕林文月先生也對楊衒之全文收錄《庭山賦》表示不解，稱之爲一
種怪異現象。〔註49〕吳先寧先生則對《庭山賦》評價較高：

〔註48〕王利器：《顏氏家訓集解·敍錄》，上海古籍出版社，1980年版。
〔註49〕林文月：《中古文學論叢》，第324頁。

從北朝文學發展的角度看，姜質賦中的俗詞新語，恰恰表徵了北朝文學自身已開始漸滋暗長的文學新因素，即與高門士族文人典重古雅之作風迥異的，直接從日常生活取象，而且用日常生活當中的口語來表達的鮮活潑辣的藝術新風。楊衒之正是從這一角度肯定姜質此賦，而加以載錄的。〔註50〕

吳先生所肯定的通俗潑辣，可能是從俗賦的角度來肯定《庭山賦》。魏晉南北朝時期有俗賦創作的傳統，如曹植的《鷂雀賦》、《蝙蝠賦》、北朝盧元明的《劇鼠賦》、元順的《蠅賦》，南朝袁淑的《雞九錫文》、卞彬的《蚤虱賦》等。俗賦有其自身特點，語言通俗詼諧只是外部特徵，寓莊於諧、意在刺世是其本質特點。〔註51〕錢鍾書先生云：「《魏書・胡叟傳》稱叟『好屬文，既善爲典雅之辭，又工爲鄙俗之句』，蓋『鄙俗』亦判『工』拙優劣也。『鄙俗』而『工』，尚可嘉尚。姜質輩既不善於『典雅』復未工於『鄙俗』，斯賦即堪例證。」〔註52〕說明不同類別和體裁的賦有不同的藝術標準，《庭山賦》的問題正在於其「似俗非俗」，語言雖雜日常口語，但內容仍寫丘壑之美，詠遊之樂，與正體賦無別，故不能達到眞正的鄙俗，歷來基本不將此賦歸於俗賦類別。〔註53〕從正體賦角度看，《庭山賦》的藝術水平確實不高，同樣寫景陽山，楊衒之的「其中重岩複嶺，嶔崟相屬。深溪洞壑，邐迤連接。高林巨樹，足使日月蔽虧；懸葛垂蘿，能令風煙出入。崎嶇石路，似壅而通；崢嶸澗道，盤紆復直。是以山情野興之士，遊以忘歸」便比姜賦好得多。天水偏處隴東，其文學發展落後於河洛地區並不奇怪。楊衒之並非不知《庭山賦》稚拙，全文收錄的原因，除保存史料外，還源於他開明通達的文學觀。魏收詩文多學南朝，善作賦與駢文，爲人輕狂自負，文學評論觀念自然嚴苛，輕視《庭山賦》不足爲奇。顏之推的《顏氏家訓》風格平實，其文學觀念崇尚「典正」，他自然也看不上《庭山賦》。《洛陽伽藍記》則不同，它本身具有多樣化的風格，除寫景部分有「穠麗秀逸」特色外，記事部分不乏諧謔色彩，

〔註50〕吳先寧：《南風北漸與北人的選擇和接受》，《文學遺產》，1992年第4期。

〔註51〕參曹道衡：《南朝文學與北朝文學研究》，江蘇古籍出版社，1999年版，第25頁。

〔註52〕《管錐編》第4冊，第1498頁。

〔註53〕當代論著如曹道衡：《南朝文學與北朝文學研究・緒論》論「近於俗賦或遊戲文字」部分，伏俊璉：《俗賦研究》（中華書局，2008年版）均未論及《庭山賦》。

楊元慎調侃陳慶之語，既被曹道衡先生認為「帶有俗賦的氣息」。〔註54〕此類戲謔調笑還有不少，如高陽王寺條云：

> 崇爲尚書令，儀同三司，亦富傾天下，僮僕千人。而性多儉吝，惡
> 衣粗食。食常無肉，止有韭茹、韭菹。崇客李元祐語人云：「李令公
> 一食十八種。」人問其故，元祐曰：「二九一十八。」聞者大笑，世
> 人即以爲譏罵。

《洛陽伽藍記》的這種特點，使其對北朝社會的各種俗語謠諺頗爲留心，這些其實是珍貴的俗文學史料。如瑤光寺條記京師語：「洛陽女兒急作髻，瑤光寺尼奪作婿。」凝玄寺載時人歌：「洛城東北上商里，殷之頑民昔所止。今日百姓造甕子，人皆棄去住者恥。」白馬寺條記京師語：「白馬甜榴，一實直牛。」追聖寺條引京師語：「洛鯉伊魴，貴於牛羊。」秦太上君寺條引京師民謠：「獄中無繫囚，舍內無青州，假令家道惡，腸中不懷愁。」法雲寺條之秦民語：「快馬健兒，不如老嫗吹篪」等，均生動形象。書中還記錄了一些文學史料，正覺寺條王肅二妻之對答，被明代焦竑《筆乘》認爲是次韻之祖：

> 世傳詩人次韻，始於白樂天、元微之，號「元和體」。然楊衒之《洛
> 陽伽藍記》載王肅入魏，捨江南故妻謝氏，而娶元魏帝女，其故妻
> 贈之詩曰：「本爲薄上蠶，今爲機上絲。得路遂騰去，頗憶纏綿時。」
> 繼室代答，亦用絲、時兩韻。是次韻非始元、白也。〔註55〕

公主代肅答謝云：「針是貫線物，目中恒任絲。得帛縫新去，何能納故時。」這兩首雖非近體，但確已有次韻的萌芽，在文學史上應有其地位。凝玄寺條載李元謙與郭文遠家婢女春風的問答，則體現了當時聲韻之學的流行：

> 隴西李元謙樂雙聲語，常經文遠宅前過，見其門閣華美，乃曰：「是
> 誰第宅？過佳！」婢春風出曰：「郭冠軍家。」元謙曰：「凡婢雙聲。」
> 春風曰：「停奴慢罵。」元謙服婢之能，於是京邑翕然傳之。

《洛陽伽藍記》還載不少隱語，如正覺寺條記高祖與群臣猜謎：

> 高祖大笑。因舉酒曰：「三三橫，兩兩縱，誰能辨之賜金鍾。」御史
> 中尉李彪曰：「沽酒老嫗甕注瓨，屠兒割肉與秤同。」尚書右丞甄琛
> 曰：「吳人浮水自云工，妓兒擲繩在虛空。」彭城王勰曰：「臣始解

〔註54〕 《南朝文學與北朝文學研究》，第 25 頁。
〔註55〕 明・焦竑撰，李劍雄點校：《焦氏筆乘》，上海古籍出版社，1986 年版，第 258 頁。

此字是習字。」高祖即以金鍾賜彪。

另外，法雲寺條之寶公所言「把粟與雞呼朱朱」，預示尒朱榮作亂；景寧寺條楊元慎爲元淵解夢，「槐字是木傍鬼」，預示元淵的結局，也帶有隱語意味。這些俗語隱語的存在，不僅平添幾分輕鬆幽默色彩，也使本書一定程度上成爲北朝文學的微型資料庫，除保留不少北朝文學史料外，書中還可看到辭賦文學的華麗、地志文學的精審、史傳文學的奇詭、俗文學的幽默。諸種因素構成的內容和風格的多樣性，當在同時代的另兩部名作《水經注》和《顏氏家訓》之上。

參考文獻

一、《洛陽伽藍記》各版本

1. 《洛陽伽藍記》五卷，董氏誦芬室據明如隱堂刊本影印。
2. 《洛陽伽藍記》五卷，古今逸史本，明萬曆吳琯刻本。
3. 唐晏《洛陽伽藍記鈎沉》，民國六年潮陽龍溪精舍刻本。
4. 吳若準《洛陽伽藍記》五卷《集證》一卷，清道光十三年刻本。
5. 張宗祥《景洛陽伽藍記合校稿本》，世界書局，1974 年。
6. 陶宗儀《説郛》，涵芬樓百卷本。
7. 陶宗儀《説郛》，汲古閣六十卷本。
8. 周祖謨《洛陽伽藍記校釋》，上海書店出版社，2000 年。
9. 范祥雍《洛陽伽藍記校注》，上海古籍出版社，1978 年。
10. 徐高阮《重刊洛陽伽藍記》，中研院史語所專刊 42，1992 年。
11. 楊勇《洛陽伽藍記校箋》，中華書局，2006 年。
12. 曹虹《洛陽伽藍記釋譯》，臺灣佛光文化事業公司，1998 年。
13. 田素蘭《洛陽伽藍記校注》，《臺灣師範大學國文研究所集刊》第 16 期。
14. 〔日〕入矢義高《洛陽伽藍記》，平凡社，1974 年。
15. *A record of Buddhist monasteries in Lo-yang* By Yi-t'ung Wang. Princeton, 1984.

二、古籍

1. 司馬遷《史記》，中華書局標點本。
2. 班固《漢書》，中華書局標點本。

3. 范曄《後漢書》，中華書局標點本。

4. 陳壽《三國志》，中華書局標點本。

5. 房玄齡《晉書》，中華書局標點本。

6. 魏收《魏書》，中華書局標點本。

7. 李百藥《北齊書》，中華書局標點本。

8. 令狐德棻《周書》，中華書局標點本。

9. 沈約《宋書》，中華書局標點本。

10. 蕭子顯《南齊書》，中華書局標點本。

11. 姚思廉《梁書》，中華書局標點本。

12. 姚思廉《陳書》，中華書局標點本。

13. 李延壽《北史》，中華書局標點本。

14. 李延壽《南史》，中華書局標點本。

15. 司馬光《資治通鑒》，中華書局，1956 年。

16. 大正一切經刊行會《大正新修大藏經》，新文豐出版有限公司。

17. 蕭統編，李善注《文選》，中華書局，1977 年版。

18. 僧祐撰，蘇晉仁、蕭鍊子點校《出三藏記集》，中華書局，1995 年。

19. 慧皎撰，湯用彤校注《高僧傳》，中華書局，1992 年。

20. 道宣撰，鞏本棟釋譯《廣弘明集釋譯》，臺灣佛光文化事業公司，1998 年。

21. 嚴可均《全上古三代秦漢三國六朝文》，中華書局，1958 年。

22. 逯欽立輯校《先秦漢魏晉南北朝詩》，中華書局，1983 年。

23. 顏之推撰、王利器集解《顏氏家訓集解》，上海古籍出版社，1980 年。

24. 酈道元撰、陳橋驛校釋《水經注校釋》，杭州大學出版社，1999 年。

25. 法顯撰、章巽校注《法顯傳校注》，上海古籍出版社，1985 年。

26. 劉知幾撰、浦起龍釋《史通通釋》，上海書店，1988 年。

27. 杜佑《通典》，中華書局，1984 年。

28. 袁宏撰、周天遊校注《後漢紀校注》，天津古籍出版社，1987 年。

29. 道宣《廣弘明集》，上海古籍出版社，1991 年。

30. 黃伯思《宋本東觀餘論》，中華書局，1988 年。

31. 李昉等《太平御覽》，中華書局，1960 年。

32. 焦竑撰、李劍雄點校《焦氏筆乘》，上海古籍出版社，1986 年。

33. 顧廣圻《思適齋書跋》，上海古籍出版社，2007 年。

34. 紀昀等《四庫全書總目》，中華書局，1997 年。

三、今人論著

1. 陳寅恪《金明館叢稿初編》、《金明館叢稿二編》、《寒柳堂集》，上海古籍出版社，1980 年。

2. 萬繩楠整理《陳寅恪魏晉南北朝史講演錄》，黃山書社，1987 年。

3. 湯用彤《漢魏兩晉南北朝佛教史》，中華書局，1955 年。

4. 呂澂《中國佛學源流略講》，中華書局，1979 年。

5. 許理和著、李四龍、裴勇等譯《佛教征服中國》，江蘇人民出版社，2003 年。

6. 謝和耐著、耿昇譯《中國五～十世紀的寺院經濟》，甘肅人民出版社，1987 年。

7. 鐮田茂雄著、關世謙譯《中國佛教通史》，佛光出版社，1986 年。

8. 嚴耕望《魏晉南北朝佛教地理稿》，上海古籍出版社，2007 年。

9. 向達《唐代長安與西域文明》，三聯書店，1957 年。

10. 周一良《魏晉南北朝史論集》，北京大學出版社，1997 年。

11. 周一良《魏晉南北朝史論集續編》，北京大學出版社，1991 年。

12. 周一良《魏晉南北朝史札記》，中華書局，1985 年。

13. 程千帆《程千帆全集》，河北教育出版社，2000 年。

14. 唐長孺《魏晉南北朝史論叢（外一種)》，河北教育出版社，2000 年。

15. 唐長孺《魏晉南北朝隋唐史三論》，武漢大學出版社，1993 年。

16. 唐長孺《魏晉南北朝史論拾遺》，中華書局，1983 年。

17. 陸侃如《中古文學繫年》，人民文學出版社，1998 年。

18. 錢鍾書《管錐編》，中華書局，1979 年。

19. 朱大渭《六朝史論》，中華書局，1998 年。

20. 曹道衡、沈玉成《中古文學史料從考》，中華書局，2003 年。

21. 曹道衡《南朝文學與北朝文學》，江蘇古籍出版社，1999 年。

22. 曹道衡《中古文學史論文集》，中華書局，2002 年。

23. 周勳初《周勳初文集》，江蘇古籍出版社，2000 年。

24. 王瑤《中古文學史論》，北京大學出版社，1998 年。

25. 劉汝霖《漢晉學術編年》，《民國叢書》影印 1935 年版。

26. 胡寶國《漢唐間史學的發展》，商務印書館，2003 年。

27. 張蓓蓓《中古學術論略》，（臺）大安出版社，1991 年。

28. 林文月《中古文學論集》，大安出版社，1989 年。

29. 杜士鐸、衛廣來主編《北魏史》，山西高校聯合出版社，1992 年。

30. 張金龍《北魏政治史研究》，甘肅教育出版社，1996 年。

31. 逯耀東《從平城到洛陽——拓跋魏文化轉變的歷程》，中華書局，2006 年。

32. 李憑《北魏平城時代》，社會科學文獻出版社，2000 年。

33. 陳橋驛《陳橋驛方志論集》，杭州大學出版社，1997 年。

34. 朱祖延《北魏佚書考》，中州古籍出版社，1985 年。

35. 劉緯毅《漢唐方志輯佚》，北京圖書館出版社，1997 年。

36. 王文進《淨土上的烽煙》，臺灣時報文化出版社，1987 年。

37. 方廣錩《道安評傳》，崑崙出版社，2004 年。

38. 周建江《北朝文學史》，中國社會科學出版社，1997 年。

39. 侯旭東《五、六世紀北方民眾佛教信仰——以造像爲中心的考察》，中國社會科學出版社，1998 年。

40. 陳爽《世家大族與北朝政治》，中國社會科學出版社，1998 年。

41. 王美秀《歷史‧空間‧身分：洛陽伽藍記的文化論述》，里仁書局，2006 年。

42. 程章燦《魏晉南北朝賦史》，江蘇古籍出版社，2001 年。

43. 程章燦《賦學論叢》，中華書局，2005 年。

44. 許結《賦體文學的文化闡釋》，中華書局，2005 年。

45. 曹虹《中國辭賦源流綜論》，中華書局，2005 年。

46. 曹虹《慧遠評傳》，南京大學出版社，2002 年。

47. 王青《西域文化影響下的中古小說》，中國社會科學出版社，2006 年。

48. 劉躍進《中古文學文獻學》，江蘇古籍出版社，1997 年。

49. 劉躍進《古典文學文獻學叢稿》，學苑出版社，1999 年。

50. 劉躍進《秦漢文學論叢》，鳳凰出版社，2008 年。

51. 王國良《〈冥祥記〉研究》，文史哲出版社，1999 年。

52. 魯迅輯《古小說鉤沉》，《魯迅全集》第 8 卷，人民文學出版社，1973 年。

53. 李劍國《唐前志怪小說史》，南開大學出版社，1984 年。

54. 倉修良《方志學通論》，齊魯書社，1990 年。

55. 張星烺《中西交通史料彙編》，中華書局，1978 年。

56. 沙畹撰，馮承鈞譯《宋雲行記箋注》，《西域南海史地考證譯叢六編》，又收於《西域南海史地考證譯叢》第 2 卷，商務印書館，1962 年重印第 1 版，1995 年北京第 2 次影印。

57. 李約瑟《中國科學技術史》，科學出版社，1976 年。

58. 李正宇《古本敦煌鄉土志八種箋證》，甘肅人民出版社，2008 年。

59. 武漢大學歷史系魏晉南北朝隋唐史研究室《魏晉南北朝隋唐史資料》第 1〜24 輯。

60. 南京大學中國語言文學系《魏晉南北朝文學論集》，南京大學出版社，1997 年。

61. 臺灣政治大學文學院《第三屆國際辭賦學學術研討會論文集》，1996 年。

62. 《日本學者研究中國史論著選譯》，第四卷六朝隋唐，第七卷思想宗教，中華書局，1993 年。

63. 羅晃潮《〈洛陽伽藍記〉版本述考》，《文獻》，1986 年第 1 期。

64. 林晉士《〈洛陽伽藍記〉之版本考述》，《大陸雜誌》第 92 卷第 3 期。

65. 林晉士《〈洛陽伽藍記〉之寫景藝術》，《大陸雜誌》第 91 卷第 4 期。

66. 管雄《如隱堂本〈洛陽伽藍記〉校記》，《古典文獻研究》，南京大學出版社，1992 年。

67. 陳佩鈴《〈洛陽伽藍記〉中靈異故事類型之探析》，《東方人文學志》第 4 卷第 3 期，2005 年。

68. 易毅成《〈洛陽伽藍記〉的著述理念及方式》，《大陸雜誌》第 87 卷第 2 期。

69. 曹虹《〈洛陽伽藍記〉新探》，《文學遺產》，1995 年第 4 期。

70. 曹虹《洛陽伽藍記與漢晉辭賦傳統》，《古典文獻研究》第 11 輯，鳳凰出版社，2008 年。

71. 曹道衡《關於楊衒之和〈洛陽伽藍記〉的幾個問題》，《文學遺產》，2001 年第 3 期。

72. 曹道衡《論王琰和他的〈冥祥記〉》，《文學遺產》，1992 年第 1 期。

73. 康韻梅《〈洛陽伽藍記〉的敘事》，《第三屆魏晉南北朝文學與思想學術研討會論文集》，1997 年。

74. 康韻梅《唐人小說中「智慧老人」之探析》，《中外文學》第 23 卷第 4 期，1994 年。

75. 林靜怡碩士論文《〈洛陽伽藍記〉之研究》，臺灣中興大學，2003 年。

76. 魏采如碩士論文《〈洛陽伽藍記〉之時空敘事與記憶認同》，臺灣大學，1995 年。

77. 范子燁《〈洛陽伽藍記〉的文體特徵與中古佛學》，《文學遺產》，1998 年第 6 期。

78. 范子燁《〈洛陽伽藍記〉的體例淵源及其與名僧「格義」的關係》，《北方論叢》，1996 年第 5 期。

79. 范子燁《論楊衒之及其〈洛陽伽藍記〉的創作主旨》，《齊齊哈爾大學學

報》，1995 年第 3 期。

80. 范子燁《洛陽伽藍記考論》，《北朝史研究》，商務印書館，2004 年。

81. 葉國良《〈洛陽伽藍記〉零箋》，《臺大中文學報》第 2 期，1988 年。

82. 朱雅琪《記憶中的城市──〈洛陽伽藍記〉中的時空建構》，《中國學術年刊》第 19 期，1998 年。

83. 王伊同《〈洛陽伽藍記〉札記兼評周祖謨校釋》，《歷史語言研究所集刊》第 51 本第 2 分。

84. 王伊同《詮釋〈洛陽伽藍記〉志餘》，《清華學報》第 15 卷，1983 年 12 月。

85. 王伊同《王伊同學術論文集》，中華書局，2006 年。

86. 何寄澎《試論楊衒之的歷史精神》，《思與言》第 20 卷第 6 期，1983 年 3 月。

87. 盧寧《由〈洛陽伽藍記〉看北魏的中原法化》，《法音》，1998 年第 12 期。

88. 楊鴻勳《關於北魏洛陽永寧寺塔復原草圖的說明》，《文物》，1992 年第 9 期。

89. 鄭毓瑜《歸反的回音──漢晉行旅賦的地理論述》，「世變與創化──漢唐、唐宋轉換期之文藝現象」國際學術研討會會議論文，中央研究院中國文哲研究所籌備處舉辦，臺北，1999 年 1 月（亦刊《中國文哲專刊》17）。

90. 陸揚《解讀〈鳩摩羅什傳〉：兼談中國中古早期的佛教文化與史學》，《中國學術》第 23 輯，2006 年。

91. 唐燮軍《〈洛陽伽藍記〉三題》，《史學史研究》，2005 年第 1 期。

92. 劉波《〈洛陽伽藍記〉的學術價值》，《古籍整理研究學刊》，1993 年第 5 期。

93. 化振紅《試論〈洛陽伽藍記〉中的口語詞》，《河北大學學報》，2004 年第 4 期。

94. 化振紅《〈洛陽伽藍記〉中反映魏晉南北朝時代特色的新詞》，《西南民族大學學報》2005 年第 2 期。

95. 李曉明《〈洛陽伽藍記〉的特點》，《史學史研究》，1994 年第 3 期。

96. 劉重來《〈洛陽伽藍記〉作者不姓楊》，《中州學刊》，1984 年第 3 期。

97. 淨名《〈洛陽伽藍記〉的文學價值》，《佛教文化》，2003 年第 6 期。

98. 詹秀惠《洛陽伽藍記的作者與成書年代》，《國立中央大學文學院院刊》，1983 年 6 月第 1 期。

99. 劉淑芬《五至六世紀華北鄉村的佛教信仰》，《歷史語言研究所集刊》第

63 本第 3 分。

100. 王晶波《敦煌文學中的死而復生故事及其內涵》,《甘肅社會科學》,2009年第 2 期。

101. 徐三見《汲古閣藏明抄六十卷本〈說郛〉考述》,《東南文化》,1994 年第 6 期。

102. 吳先寧《南風北漸與北人的選擇和接受》,《文學遺產》,1992 年第 4 期。

103. 何沛雄《〈兩都賦〉和〈二京賦〉的歷史價值》,《文史哲》,1990 年第 5 期。

104. 傅剛《從〈文選〉選賦看蕭統的賦文學觀》,《北京大學學報》,2000 年第 1 期。

105. 鞏本棟《〈廣弘明集〉在中國佛教史上的價值、地位及其現代意義》,《中國典籍與文化》,1998 年第 4 期。

106. 孔祥軍《〈高僧傳〉弘法起信考》,《南京曉莊學院學報》,2005 年第 3 期。

107. 何炳棣《北魏洛陽城郭規劃》,《慶祝李濟先生七十歲論文集》上冊,臺北:清華學報社,1965 年。

108. 唐長孺《北魏的青齊土民》,《魏晉南北朝史論拾遺》,中華書局,1983年。

109. 羅新《青徐豪族與宋齊政治》,《原學》第 1 輯,中國廣播電視出版社,1994 年。

110. 韓樹峰《青齊豪族在南北朝的變遷》,《國學研究》第 5 卷,北京大學出版社,1998 年。

111. 陳爽《河陰之變考略》,《中國社會科學院歷史研究所學刊》第 4 集,商務印書館,2007 年。

112. 馬曼麗《宋雲絲路之行初探》,《青海社會科學》,1985 年第 4 期。

113. 張得祖《絲綢之路在青海》,《青海師範大學學報》,1982 年第 1 期。

114. 黃盛璋、方永《吐谷渾故都——伏俟城發現記》,《考古》,1962 年第 8 期。

115. 杜斗城《關於敦煌人宋雲西行的幾個問題》,《甘肅社會科學》,1982 年第 2 期。

116. 徐丹麗《魏晉六朝賦序簡論》,《古典文獻研究》第 7 輯,鳳凰出版社,2004 年。